スクリーンの万華鏡
映画が10倍楽しくなる秘話の栞

望月苑巳
Mochizuki Sonomi

燈台ライブラリ
5
洪水企画

目次

スクリーンの万華鏡

～映画が10倍楽しくなる秘話の栞

❶ さらば岩波ホール　時代を飾った名画たち

■近未来は日本の高速道路だった

「惑星ソラリス」（1977年、アンドレイ・タルコフスキー監督）

ミニシアターの草分けともいうべき東京・神田の岩波ホールが2022年7月29日をもって54年の歴史に幕を閉じた。多くの映画ファンから惜しむ声が聴こえる。世界中を地獄の底に落としたようなコロナ禍が運営悪化の原因というのだからうらめしい。

今回はその歴史の中で名作といわれた上映作品をピックアップしてみようと思う。

岩波書店の当時の社長だった岩波雄二郎が欧米との文化の差を痛感、日本にも文化施設を作ろうと考えたのが岩波ホールの始まり。そのコンセプトは大手配給会社が商業ベースに乗らないと敬遠した名作を上映するというもの。そして完全入れ替え制を取り入れたのも日本初だった。

まずは『惑星ソラリス』。旧ソ連のアンドレイ・タルコフスキー監督が、ポーランドのSF作家スタニスワフ・レムが61年に発表した小説「ソラリスの陽のもとに」を映画化したものだが、かなり監督の解釈が入っていて原作とは大きな食い違いがある。この映画でカンヌ国際映画祭の審査員グランプリなどを受賞しタルコフスキーの出世作となった。しかし、原作者レムとは大ゲンカになり、両者が譲らず最後はレムが監督を「お前はバカだ！」と罵倒したことは有名な語り草になっている。

惑星ソラリスを探査していた宇宙ステーション「プロメテウス」と連絡が途絶えたことから捜索隊が調査に来る。そこで目にしたのは死んだはずの人間が生きていたとか不可解な現象の連続だった。そこで科学者たちはソラリスの海が知的活動をしているのではないかと考えた。

この哲学的、形而上学的な人間の理解できない問題が作品のミソになっているが、もちろん公開当時は賛否両論だった。神秘的で難解とされたがタルコフスキー監督は意図的にそうしたと述べている。

もともとレムが意図したのは「主人公の記憶を抽出して合成した記憶はソラリスがつくりだしたものので、人間とは意思疎通できない謎の生命体との接触」という大きなテーマだったが、芸術至上主義者のタルコフスキーがそれを捻じ曲げたと思い込んだから論争になったのだ。

その結果レムは「彼が作ったのは罪と罰にすぎない」と吐き捨てた。しかしこの詩的難解さがのちに作られたスタンリー・キューブリックの「２００１年宇宙の旅」の先駆けという評価が定着することになる。

そのタルコフスキーが今度は「２００１年」を見て「まるで最新科学の博物館の展示だ。人間の道徳の問題を忘れている」と批判したのは皮肉か。

77年の日本公開には交流のあった黒澤明が尽力したが、映画ファンの評判は芳しいものではなかった。

最初タルコフスキーは映画の中に大阪万博のシーンを入れようとしたが許可が下りなかったので、近未来の風景として日本の高速道路を入れたという。しかし高層ビルとトンネルを見て「日本の建築は最先端を行っている」とご満悦だったそうだ。当時の朝日新聞のコラム「みちのものがたり」の中で語っている。

それにしても、押井守作品に強い影響を与えたといわれるほど今では名作の誉れが高い。

しかし東宝から発売された日本語吹き替え版のＶＨＳではこの未来都市の高速道路の風景シーンはすべてカットされている。地球のシーンがないバージョンはもともと１６５分あったものが94分のスタンダードサイズに。しかしこの方がレムの意図したものに近いという識者もいるから面白い。

テーマのＢＧＭはヨハン・セバスチャン・バッハのコラール前奏曲「われ汝に呼ばわる、主イエス・キリスト」が電子楽器で印象的に使われ好評だった。

黒澤明とタルコフスキーは酒を飲んで「七人の侍」のテーマを一緒に歌うほど仲がよかった。

２００２年にＳ・ソダーバーグ監督がリメイクを撮っているが、タルコフスキー版とは大きく異なっていて監督自身も「リメイクではない」と宣言したほど。

■スタッフ全員が命の危険を覚悟で撮影に

「旅芸人の記録」（1975年、テオ・アンゲロプロス監督）

前項にも少し書いたが岩波ホール設立の精神は、大手配給会社が敬遠する名作だが商業ベースに乗らない（つまり儲からない）作品を上映することだった。これが「エキプ・ド・シネマ」運動とよばれるもの。フランス語で映画の仲間という意味だが、それを実践し文化の発信地とした。

今回はとりわけ名作中の名作といわれる『旅芸人の記録』を取りあげる。

日本でも旅してまわる旅芸人一座というものがあるが、ヨーロッパでは珍しいものではなかった。特に貧しい人々にとっては日々の息抜きのために必要な娯楽だった。この映画は二重構造になっていて現在の一座がナチス政権のためにしいたげられることによって時代批判を表す。それと並行して過去の一座の人間模様を描く。

230分の長尺という大作だが飽きることはない。それは古代神話を基にした雄大な叙事詩となっているからだろう。ただ予備知識なしで見ると苦痛かもしれない。

プロローグは1952年のギリシャが舞台。スプリドス・ペレシアドス作の牧歌劇「羊飼いの少女ゴルフォ」を、村々を回りながら日銭を稼ぎ暮らしている旅芸人一座12人一行がアコーデオンを弾きながら前口上を述べる老人のシーンから始まる。ギリシャでも軍事政権が台頭し、総選挙が行われようとしている。

この劇は、ヒロインのゴルフォと恋人のタソスの悲恋の全5幕に及ぶ物語で、当時もてはやされていた人気ドラマだ。

そこから場面は一座の過去の回想へとフェードアウトする。39年の秋、一座に災難が降りかかる。座長の妻が座員と不倫したり、密告によって秘密警察が座員を連れ去ったり。ここから映画は大きな波に襲われていくのだがその最大の衝撃は41年にナチスの機甲軍団がギリシャに攻め入って全土を掌握した歴史的事実だろう。

アンゲロプロス監督の意図は明白でギリシャの軍事政権とナチスをダブらせ批判することだったのは間違いない。ナチスが去った後の王党派と進歩派との内戦で、パルチザンに参加し収容所で死んでゆく座員のオレステスにはナチスの収容所をダブらせていたと思われる。

それにしてもファーストシーンで座員が2日間寝ていなかったことになっていて、ラストシーンでそこに戻ってくる。この2日間で映画ファンは悪夢を見たことになるのだろうか。素晴らしい歴史の展開だ。血も涙も流れたのに感情を押し殺したようなこのタイトルも凄い。また4時間の長さだというのにわずか80ショット。いかに長回しが多用されていたかが分かる。

撮影が始まった74年2月当時、ギリシャでは右派軍事政権が支配していた。そのため監督や関係者スタッフだけでなくキャストにも命の危険が及ぶかもしれないとして、全員覚悟して臨むことを会議で申し合わせたというから凄い。

そもそもなぜこの作品を撮ろうと思ったのかは監督のキャリアで分かる。35年にアテネで生まれアテネ大学を卒業した秀才は兵役の後パリのソルボンヌ大学へ。だがその途中ヌーヴェルバーグに魅了され映画の世界へ。その当時ギリシャはメタクサス将軍による軍事独裁政権だった。その批判の結実だ。

77年のカンヌ国際映画祭で国際批評家連盟大賞、79年にはロンドン映画祭の最優秀作品賞に輝いている。日本でも芸術祭大賞に選ばれ名作の名にふさわしい足跡を残している。

岩波ホールでは79年8月11日から公開され10月19日まで上映。評判が評判を呼び232席が満員になった。今考えるとウソのようだ。

キネマ旬報の1970年代外国映画ベストワンにも「イージー・ライダー」(70)「ベニスに死す」(71)「スケアクロウ」(73)「ロッキー」(77)などと並んで選ばれている。

85年にテレビ朝日の「傑作洋画劇場」での放映の際は3回に分けて放送。翌年の「ウイークエンドシアター」でも2週連続前・後編に分けて放送された。長いとテレビ局も苦労するようだ。

■長尺すぎて劇場に敬遠された問題作

「ルートヴィヒ」（1972年、ルキノ・ヴィスコンティ監督）

エキプ・ド・シネマ運動については前回書いた。この運動の第1回上映作は1974年に公開された「大樹のうた」という作品だった。このように、以来映画の内容は充実しているのに一般の劇場では敬遠されたという作品は多数ある。

今回紹介する『ルートヴィヒ』もその1本だが、この映画が敬遠されたのには一般受けしないという理由だけでなく「旅芸人の記録」と同様、長尺過ぎるという問題があった。劇場で公開するには1日何回上映できるかが問題になってくる。長ければまわせる回数が減り、観客の入りもそれだけ悪くなるからだ。237分（完全版）というのは劇場にとっては非常識な長さなのだった。後で述べるが当然カットする、しないで問題が起きてくる。

イタリア、フランス、西ドイツ合作。監督はルキノ・ヴィスコンティ。「狂王」と異名をとった第4代バイエルン国王ルートヴィヒ2世の戴冠からその死までを描いた歴史大作。

岩波ホールでは80年に公開されたがその時は「ルートヴィヒ　神々の黄昏」というタイトルで184分にカットされたもの。監督没後4年がたっていた。しかしこの上映で監督に対する評価は一気に高まった、

「神々の黄昏」というのはリヒャルト・ワーグナーの楽劇「ニーベルングの指輪」による。なぜかというとルートヴィヒはワーグナーに心酔していて国費をつぎ込んでまでして彼を擁護し国を傾かせてしまったというのがメインストーリーだからだ。そして従姉妹でオーストリア皇后のエリザベート（ロミー・シュナイダー）を愛してしまい、ソフィーとの婚約を解消したりして、次第に狂気をあらわにしていく。

これがディズニー映画のモデルになったともいわれる、かのノイシュバンシュタイン城の城主だから驚く。撮影もこの城で実際に行っている。

完成当初から長すぎるというクレームが。やむなく監督自身の手で約3時間にカット。それでも長すぎるとして監督の知らないところでさらに140分にまで切られてしまった。自身が貴族の出でもあるヴィスコンティ監督。当然プライドは高いからさすがに怒ったという。

豪華絢爛な貴族趣味と孤独な国王の異常な振る舞いを描いた本作は69年の「地獄に堕ちた勇者ども」、71年の「ベニスに死す」に続くドイツ三部作と言われた。

完全版はようやく80年にヴェネチア国際映画祭で上映された。本作はドイツ語版とイタリア語版がある。さすが、監督の秘蔵っ子でもある主演のヘルムート・バーガーは自身で両方をこなしている。脚本家がイタリア人ということもあり、日本でもイタリア語版が主流で、DVDなどもこちらがオリジナルということになっている。それにしても狂王役のヘルムートの歯が醜くなっていくさまは見ていてつらい。

撮影は予定より大幅に伸びて、そのためヴィスコンティ監督が病に倒れるというアクシデントも。奇跡的に復帰し完成を見たが監督は左半身に後遺症が残り生涯完治しなかった。

実は監督はマルセル・プルーストの名作「失われたときを求めて」を映画化したかった。そのためシナリオも完成しロケハンも終えていたが何しろこちらも長編小説。資金繰りが難航し頓挫してしまったといういきさつがある。その代わりに傑作「ルートヴィヒ」が生まれたのだから良しとしなければいけないのだろう。

83年に関西テレビ開局25周年を記念して深夜枠で放送されている。

95年から劣化したオリジナルネガの修正・復元が行われ、２００６年にヴィスコンティ生誕１００年祭で完全復元版と題して上映された。

２０１２年にドイツで「ルートヴィヒ」という伝記映画がマリー・ノエルとペーター・ゼアー監督の手で作られている。ドイツ映画界期待の新星エドガー・ゼルゲがワーグナー役で１４０分。お株を取られたイタリア版に対抗心をむき出しにしたわけでもあるまい。

■映像の美しさとは裏腹に老いる悲哀と孤独

「八月の鯨」（1987年、リンゼイ・アンダーソン監督）

アートの聖地「岩波ホール」が閉館したが、その54年間で上映したのは65か国、計271作品に上る。支配人の岩波律子さんは観客の数が最盛期と比べると大幅に減少したと嘆く。1日50人以下の日もあったという。最終上映の回では1人もいないため開始10分で中止にしたことも。

父で創始者の岩波雄二郎・岩波書店社長は「お金のことは気にするなといってくれました」と語るが客がゼロではそれもさすがに限度がある。加えてほとんどが高齢者ばかり。コロナだけでなく若者離れが閉館に加担したようだ。

さて今回は『八月の鯨』(87年、アメリカ映画)を紹介する。岩波ホールの創立20周年を記念した作品。1988年11月から翌年の3月まで31週というロングランを達成、14万人を動員したエキプ・ド・シネマ最大のヒット作だ。

監督はリチャード・ハリス主演の「孤独の報酬」などで知られるイギリス人のリンゼイ・アンダーソン。

ストーリーは単純だが、映像の美しさとは裏腹に、老いる哀しみと孤独を恐れる2人の老婦人のわがままと3人の男たちを、そこはかとない叙情に包んでみせたヒューマンドラマの傑作。淀川長治氏もパンフに寄稿。

「(この映画は)すばらしい香りに包まれ美しい色にいろどられ人生の思い出としてレースのように手でさわらせる」と絶賛している。

メーン州のある小さな島の入り江が見渡せる高台に家が建っている。その入り江には夏になると鯨が迷い込んでくることがあった。リビー・ストロングとサラ・ウェッバーという、年老いた姉妹にとっては子どものころからの遊び場所でもあった。ある日近くに住む釣り好きの老人が釣った魚を正装して持ってくるが、わがままなリビーは、そんな泥臭い魚なんていらない、と拒否。目が不自由なためいつもイライラしているのだが、その原因は、妹のサラと別れて孤独になることを恐れているからだった——。

特に事件が起きるわけでもなく、淡々とした映画だが死と隣り合わせの危うさが人生の深さをえぐる。「今年も鯨は来るかしら」といえば「鯨も歳をとるのよ」と答えるシーンや、リビーが「サラの死を夢で見た」と叫んで起きると、「私はまだ死ぬ気はないわよ」というのが印象的な名場面。

主演のリビーとサラは2人の名優が演じている。サイレント時代のスター女優リリアン・ギッシュはこの時なんと93歳、オスカー女優ベティ・デイビスも79歳という高齢だった。ただし映画の中では歳下のベティが姉のリビーを、年上のリリアンが妹のサラ演じている。しかしその演技はなんとしっかり地に足が着いてエレガントなことだろう。若い俳優にとって最高の手本だ。本作がリリアン・ギッシュの遺作（93年に99歳で没）となった。ベティ・デイビスも89年に81歳で亡くなっているし、アン・サザーンは01年に92歳。高齢化時代の象徴のような映画だ。

またホラー映画のスターだったヴィンセント・プライスを釣り好きな老紳士に仕立てたのもユニークだが、彼も93年に82歳まで生きた。みんな長寿だな。

何といっても劇中で「人生の半分はトラブルで、あとの半分はそれを乗り越えるためにあるのよ」というセリフが有名だ。

ジェットコースター映画が全盛の時代だが、こんなゆったりした映画を観直す時かも。2人の姉妹の会話に出てくる「どの戦争？」というほど時間の流れを感じさせてくれるものも少ないだろう。

第40回カンヌ国際映画祭に特別招待作品として上映され、このセリフが新聞の見出しを飾った（特別賞を受賞）。またティシャ・ダウティー役のアン・サザーンが第60回米アカデミー賞の助演女優賞にノミネートされている。

２０１３年の岩波ホール創立45周年記念ではニュープリントでリバイバル上映されたことも付記しておく。

「宋家の三姉妹」（1997年、メイベル・チャン監督）

文化団体に対する国からの文化予算はお隣韓国の10分の1というから日本はさみしい。これで文化国家だと胸を張って言えるだろうか。だからどうしても民間企業のメセナ活動などに頼らざるを得ない。その典型的なものが岩波ホールだった。

この原稿の時点で下北沢に新しいミニシアター（71席）が開業予定だというが、それもコロナ禍で苦戦する事は目に見えている。

さて愚痴をいっても始まらないので本題に。

『宋家の三姉妹』は岩波創立30年を記念して1998年11月から公開して大ヒット。「八月の鯨」と同じく31週のロングランを記録した。99年には再上映されている。

香港と日本合作の伝記映画。メイベル・チャン監督、製作総指揮はレイモンド・チョウだ。ご高齢の方、あるいは歴史に強い方ならこの3姉妹の名前を聞いてハタと手を打つだろう。

海南島生まれの実業家でプロテスタントの牧師だったチャールズ・ジョーンズ・スン（宋）、通称チャーリーの娘として生まれた3姉妹（6人兄弟だった）。長女・宋靄齢は財界の御曹司で孔子の直系という孔祥煕と、次女の宋慶齢は後の中国革命の父といわれる孫文と、三女の宗美齢は中華民国党総統・蒋介石と結婚した。このことから当時は「一人は金と、一人は権力と、一人は国家と結婚した」と揶揄《やゆ》されたほど。

3姉妹は中国で初めての女子アメリカ留学者だった。1904年に靄齢がウェストレアン・カレッジに入学。これが古い因習にとらわれない女性として自立する女性に育つのだが、父のチャーリーがアメリカで移民の養子として育てられたから、これからはアメリカの時代だと考えた先進的な考えが影響しているのだろう。

その3姉妹の人生はまさに波乱の歴史そのものを体現している。歴史をひも解くとそのすさまじい時代を生きたことが分かる。清朝末期から連続して起きる辛亥革命、満州事変、西安事件、国共合作、日中戦争、そして毛沢東率いる共産党との内戦。それらを生き抜いて激動の近代中国史にその名を刻んだのだから凄い。3人が歴史を作ったといっても過言ではないだろう。それを145分の中に詰め込んだ映画だ。

次女の宋慶齢は夫・孫文の死後国民党に協力するのだが、蒋介石の上海クーデターを非難して国民党と決別、2人の姉妹とは別の道を行くことになる。美齢が背後で夫を操っているというのは周知の事実だったから、もし美齢が男に生まれていたら中国を支配していただろうといわれたほどだ。

映画では宋靄齢をハリウッドでも活躍する中国系マレーシア人のミシェル・ヨーが、次女・宋慶齢を「ポリス・ストーリー」で知られるマギー・チャン、三女・宋美齢は上海生まれだが現在はアメリカで活躍するヴィヴィアン・ウーが演じている。

本作は日中戦争終結で終わっているが、その後を観たいと思うなら「建国大業」という映画を観るといいだろう。ヴィヴィアン・ウーが同じ役で出ているので続編のように見える。

孫文は宋慶齢と結婚する前に奥さんがいたので再婚になるのだが、映画では語られていない。孫文に気を使ったシナリオとみた。写真が残っているがずんぐり体形の家系の中で慶齢は掛け値なしの美人だ。

美齢は２００３年、マンハッタン島の自宅で亡くなっている。１０６歳だった。

ゴールデンハーベストとポニー・キャニオン、フジテレビが出資。

原題は「宋家皇朝」。衣装デザインはワダ・エミ。音楽は喜多郎とランディ・ミラーが担当。97年の香港アカデミー金像奨などを受賞している。

❷ 令和にみる三島由紀夫の世界

■美への嫉妬、絶対的なものへの嫉妬とは何か

「金閣寺」（1976年、高林陽一監督）

1970年11月25日、世界を驚愕させる大事件が起こった。三島由紀夫が市ヶ谷の自衛隊駐屯地で衝撃の割腹自殺を遂げたのだ。あれから50数年の歳月が流れた。ノーベル文学賞候補として世界に知られた小説家がなぜ自ら命を絶たねばならなかったのか。その答えは三島が残した数々の名作の中にある。映画化された作品は十指を越える。そこで今回はその映画にまつわるトリビアを書いてみたい。

この小説は三島の代表作のひとつと言っても過言ではない。

1950年7月2日未明、金閣寺で修行していた21歳の僧侶が寺に放火した。この実際の事件にヒントを得た小説であることは有名。

汽車がトンネルを抜けるファースト・シーン。吃音のコンプレックスに悩む青年・溝口（篠田三郎）は、手に持っていたおみくじを破り、弁当を食べる。これは事件を予告している？　やがてひそかに愛していた有為子（島村佳江）から吃音をバカにされ心に傷を負う。折しも僧侶の父を裏切る母の行為を知り心を閉ざしてしまう。その父が他界。父の遺言で金閣寺に預けられることとなった。父は日

ごろから金閣こそが地上で最も美しいものだと口にしていた。溝口がそこで見たものはまさに比類なき美の象徴としての金閣寺であった。そこで修行する同僚の鶴川（柴俊夫）の真摯な生き方に心が洗われるが、足が悪く女癖も悪い柏木（横光勝彦）と知り合ったことから女とのセックスに溺れてゆく。しかし有為子や鶴川の死ですべてが無常であるということに気づく。そして自分を追い詰めてゆくことになる。

この原作を名匠・市川崑監督が58年に「炎上」というタイトルで映画化しているから正しくは2度目となる。それゆえにいろいろ比較されるのは仕方のないことだろう。人間の掘り下げ方では「炎上」に軍配が上がるが、低予算にもかかわらず、無常感や美意識の描き方はこちらのほうが上だ、というのがもっぱらの評価だった。

また当時としては過激な、市原悦子の濡れ場シーンなどエロティックな場面が多く評判となった。原作の持つ華麗な「滅びの美学」が欠けているのが惜しい。レフ板を使ったチープな効果や、原作にはないポルノ感には反発もあったが、ATG（アート・シアター・ギルド）の低予算での製作でこのレベルなら成功といえるだろう。

公開当時のキャッチコピーは「有為子よ死ね！　金閣よ燃えろ！」という過激なもの。

現在の金閣寺（正しくは鹿苑寺）は1955年に再建されたものだが、ご存知のようにもとは室町三代将軍足利義満の別荘で、後に臨済宗相国寺派の寺となった。

放火で焼け残った唯一のものがある。それは屋根の鳳凰。創建当時の室町時代のものだ。なぜ焼け残ったのかというと、明治時代に解体修理があったがその時、尾が破損してしまったため取り外していたので難を逃れたというから何が幸いするか分からないものだ。ただし現在の鳳凰は１９８７年製の２代目。

全体が金箔かというと実はそうではない。金閣は三層構造で２階、３階だけで１階は木製のまま。再建時には10センチ角の金箔が10万枚、さらに修復に20万枚使われたという。

三島の残したノートには「美への嫉妬／絶対的なものへの嫉妬」と記されていた。これは放火した犯人、林承賢が「美に対する嫉妬と自分の環境が悪いのに金閣という美しいところに来る有閑的な人に対する反感からやった」という供述と共通する。

裁判では懲役７年の判決が下ったが55年に恩赦で釈放された。だが金閣寺が再建され落慶法要が行われたわずか20日後に結核で亡くなったと言うのも何か縁起めく。26歳だった。

「潮騒」（1954年、谷口千吉監督）

この小説ほど人気のものもないだろう。何しろ4回も映画化されているのだから。最初は54年に久保明と青山京子のコンビで谷口監督が。2回目は64年、日活。吉永小百合と浜田光夫で森永健次郎監督が。さらに71年に森谷司郎監督が朝比奈逸人と小野里みどりで、東宝。4回目は75年西河克己監督、山口百恵と三浦友和で東宝が。これはホリプロダクション創立15周年記念、コンビ第2弾として作られ配給収入5億余円を記録したもの。

なぜこれほど観客を魅了したのかというと、これまでの三島作品と違い難解さが影を潜め定番の青春小説となっているからだと言われている。今回はその中でも記念碑となる最初の谷口千吉監督版に的を絞ることにしよう。

試写会には当時の明仁皇太子殿下もお見えになったという。キャッチコピーは「夢と冒険に生きる十代の裸像を恋で彩る海の抒情詩！」というものだった。

ストーリーはこうだ。ある湾の沖に浮かぶ歌島で漁師をしている18歳の久保新治はある日、見かけない少女と浜で出会う。彼女は村の有力者・宮田照吉の娘・初江だった。宮田家の跡取りが亡くなったため養子に出していた彼女を呼び戻したのだ。

親しくなった2人は雨の休漁日に、旧陸軍が弾着観測に使っていた観的哨跡で逢引きの約束をする。先に来ていた新治はたき火のせいでウトウトしてしまう。気がつくと濡れた肌着を脱いで乾かしている初江がいた。裸を見られたと思った初江は新治にも裸になってと言う。

「その火を飛び越して、来たら」

そして抱き合う2人。だが新治を好いていた灯台長の娘・千代子に目撃されてしまう。嫉妬した千代子は周囲に告げ口をする。そして悪い噂が初江の父親の耳にも届き騒動が広がるのだった——。

この小説は新潮社から書下ろしとして刊行された。するとたちまち映画化権の争奪戦が勃発したほど最初から人気だった。

映画化が決まると、三島は当時の水産庁に都会の喧騒に毒されていない島はないかと問い合わせたという。そして紹介された島の一つが伊勢湾に浮かぶ神島だった。

三島はすぐに自分の目で確かめるべく神島に行き、そこで撮影するならOKだと東宝に伝えた。

後に、記者にそこをなぜ舞台に選んだのかと聞かれ、「日本で唯一パチンコ屋がない島だったから」決めたと答えている。

そもそもこの小説を書く気になったのは、52年に世界一周の旅をした三島が、ギリシャ神話の「ダフニスとクローエ」のプロットに触発され、イメージがふくらんだからだと言う。

そして完成した映画の試写を見て大変気に入った。「この映画の成功は配役の成功にあったと思われる」と語って都会的な久保明より青山京子をべた褒めだった。

脚本を作家の中村眞一郎に依頼しているが、これは以前自分の小説第三作「純白の夜」が映画化された時に、脚本の言葉の使い方がメチャクチャだったことを指摘されたことがあったからだ。ところが訂正してもらったシナリオは、なんと手直しされて再び元に戻っていた。これには三島もさすがに怒ったという。そうだろう、中村眞一郎といえば大先輩。それを勝手に無視するとは許せない行為と映ったに違いない。「私の原作映画」（56年「週刊朝日別冊」）で語っている。

いまでこそ珍しくはなくなったが、鳥羽市では、映画のヒットで観的哨跡や撮影のあった場所をちゃっかり観光コースとして商業利用、先見の明があったようだ。

64年の森永健次郎版ではシケの海に新治が飛び込むシーンがあるが、実際に漁協の組合長の息子で二十歳の寺田新吉氏をスタントとして使っている。

■自身のすべてを込めた「美しき死とエロス」

「憂国」（1966年、自主製作、後に東宝＋ATGで配給）

原作は旧字の「憂國」。1936年（昭和11年）2月26日に皇道派の陸軍青年将校らが1483名の下士官兵を率いてクーデター未遂を起こした、いわゆる二・二六事件を基にした三島の代表作。大義に殉ずる者の充足した真情と皇国への忠義を表して、三島の思想そのものを代弁した作品だと考えられている。

原作は61年に「小説中央公論」に掲載された短編小説。死と妻の肌の美しさを官能的に描写したエロティシズムも加えられ、製作、監督、主演、脚色、美術とすべてを三島自身が務めたことからも分かる力の入った意欲作。

アート系作品としては異例のヒットを記録したのも三島ブランドが効いたと考えられる。製作費はわずか120万円だった。

近衛歩兵第一連隊の武山信二中尉(三島)は30歳。新婚で美しい妻・麗子(鶴岡淑子)を迎えたばかり。世は不況もあいまって軍部の方針に不平不満を持つ兵士が増えていた。その中でも近衛師団に属する士官たちが中心になって決起すべく立ち上がる。だが仲間の士官たちは武山を決起に誘わなかった。しかし彼らが反乱軍とされ、武山にも彼らを討つべく命令が下される。仲間を討伐しなければならなくなった武山は苦悩する。そして妻に自決をすることを伝える。すると妻の麗子は少しも動じることなく、自分も兵士の妻として共に死を選ぶと決意する。そして最後の営みを美しくすませると遺書をしたため武山は割腹する。夫の死を見届けた麗子は自らものどを切って後を追うのだった。

海外でもこの映画は評判になり、東宝とＡＴＧが配給を決める。だが世は60年安保の翌年ということもあり、評論家や作家仲間からは批判的な感想が寄せられた。

三島自身はあるインタビューの中で「小品ながら、私のすべてが込められている」と自信を見せていた。

「日本人のエロースが死といかにして結びつくか、正義に、あるいはその政治的状況に殉じるためにエロースがいかに最高の形をとるか、そこに主題があった」と語ってもいる。

武山中尉のモデルはいないと本人は言っているが、実際は輜重兵《しちょうへい》の青島健吉という中尉が妻と共に自決している。軍隊では輜重兵は冷遇され、左遷されたも同然だった。

映画には切腹するシーンが丁寧に描写されている。まるで後年の予行演習のように。そのことから瑤子夫人は三島の死（70年）後、上映用のフィルムを焼却処分するよう配給元に要請した。そのためフィルムはないものと考えられていた。ところが２００５年に三島の自宅にネガフィルムが大切に保管されていることが判明、大きな話題となった。実は映画の共同製作者であった藤井治明氏が瑤子夫人に「どうかネガだけは残してください」と懇願したおかげで瑤子夫人が密かに残していたと言うのが真相だ。

これには余談がある。焼却処分を逃れたフィルムから作られた粗悪な海賊版ビデオが海外で出回っていたので、藤井氏はいつかちゃんとしたビデオを作らねばと、ずっと思っていたそうだ。

そして95年に夫人が死去するとネガを確保。06年から正統なＤＶＤが発売になったといういきさつがある。

フランスのツール国際短篇映画祭で2席となった。現地の評論家ジョルジョ・サドゥールは「近代化された能の形式の中にギリシャ悲劇の愛と死をはらんでいる」と評した。

安部公房は「ひどく安定に欠けたところがあった。それは作者が映画を完全に信じていないところからくるものかも知れない」と言っているのは興味深い。

「憂国」を発表する前年の60年に三島は榊山保というペンネームで、ギリシャ研究の機関誌「アドニス」の別冊5号に「愛の処刑」という短編小説を発表している。これは切腹がテーマで、いわば「憂国」の原型と言えるかも知れない。

■賛否両論にも「シャレた小説を書きたかっただけ」

「美徳のよろめき」（1957年、中平康監督）

これも三島のベストセラー小説で1957年の「群像」に連載されたもの。

テーマが不倫だったことと、前年に出した「金閣寺」とは倫理観があまりにも異なっていたためかえって世間の注目を浴びることとなった。

単行本は講談社から刊行され30万部の大ヒット。この年のベストセラー第1位は原田康子の『挽歌』で、『美徳のよろめき』は2位だった。

もちろん賛否両論あった。評論家の北原武夫などは谷崎潤一郎との共通性を見出し「自分の力量を心行くまで発揮し、自分の技能を楽しんでいる」と述べている。しかし女性作家陣、とりわけ佐多稲子や平林たい子、円地文子らからはヒロインが薄っぺらで男性も魅力がないとこきおろされた。

前後して石原慎太郎の出世作「太陽の季節」がやはり倫理観に欠けると批判されたのも似ている。こちらでは「太陽族」という言葉が流行ったが、「美徳のよろめき」も「よろめき」という言葉が流行り、今でも「よろめきドラマ」などと使われる。現在だったら流行語大賞間違いなしだろう。大作家には皆なるべくしてなる、共通項があるようだ。

もちろん三島自身も「何もムキになって書いたもんじゃないんですがね。シャレタ小説を書きたかっただけ。だけど日本ではたちまちやられるわけで『金閣寺』と比べてどうだとか、こうだとか――」と言われることを初めから承知してもいたようだ。

主人公の節子（月丘夢路）は元華族でお嬢様育ちの28歳。親が決めた実業家で金はあるが上品とまでは言えない男・倉越一郎（三國連太郎）と結婚した。厳格でつつましい生き方が身上の節子には幼稚園に通う菊夫という男の子がいて何の不満もない、平凡だが幸せな暮らしをしていた。節子にはかつて付き合っていた土屋（葉山良二）という男がいて、偶然レストランで再会したことから自分の中に女の喜びを求める官能的な欲求がある事を知る。

ある日妊娠した節子は夫の子だと知りながら、もしやと思い堕胎を決める。しかし土屋と密会するたびに縛られていた道徳観念から解放され肉体の喜びに溺れてゆく。「僕は裸で食事するのが好きなんだ。一緒にどう？」という土屋の誘いに一度は拒絶するが、それも本心ではない。一方で夫や息子に対する後ろめたさを感じないわけにはいかなかった。そしてついに土屋の子供を身ごもるが不義の子を産むわけにはいかなかった。

そんな時、密会で共同戦線を張っていた友人の与志子（宮城千賀子）が別れ話のもつれから愛人に瀕死の重傷を負わされたという新聞記事を知って、節子はようやく土屋と別れる決心をする。そして手紙を書くのだったが……。

姦通という背徳の美学にあるもの。愛憎劇の果て、ここには青年時に愛読したレイモン・ラディゲなどフランスの心理小説の影響も見受けられる。

特に宮城千賀子のファッションやしぐさが印象的で、さながらヴォーグのモデルのようだと評判に。また日本映画にしては濃厚なキスシーンが凄いともっぱら男性の観客からは熱い視線。心理描写がオシャレで中平監督はヌーヴェルバーグの映画を目指したとされる。白黒の映像が斬新さを際立たせているがそれも計算の内か。

映画は原作の冒頭がナレーションで始まり、ラストもほぼ同じだが、三島自身は「これ以上の愚劣な映画というものは、ちょっと考えられない」と58年新潮社版の『裸体と衣裳』で痛烈に批判している。不満だったのだろう。

新藤兼人が脚本を書いていることも見逃せない。音楽は盟友・黛敏郎。

テレビとしても、61年（フジ）、93年（テレビ東京）、94年（フジ）と3回ドラマ化されている。それだけ「不倫＝よろめき」とは需要がある人気商品なのだろう。死語になりつつあるが「昼メロ」は永遠だ？

「獣の戯れ」（1964年、富本壮吉監督）

タイトルから想像するドロドロした内容とは裏腹に三島由紀夫らしい緻密な文体の純文学作品。いやらしい場面でもないのにエロチックを感じさせるのは三島ならではと好評だった。

61年から「週刊新潮」に連載され、新潮社から単行本が刊行されている。ストーリーはこうだ。

映画は梅宮幸二（伊藤孝雄）が刑務所から出てきて西伊豆に向かう回想シーンから始まる。

大学生の幸二はかつて、草門逸平（河津清三郎）と妻の優子（若尾文子）の経営する銀座の西洋陶器店でアルバイトをしていた。逸平は根っからの遊び人で浮気を重ねている。幸二はひそかに心を寄せている優子が可哀想でならない。実は優子は夫が浮気していることを承知しているのだが、嫉妬心をおくびにも出さない。そこで幸二はある決心をする。逸平の密会している浮気現場に優子を連れて行ったのだ。だが逸平は開き直って優子を平手打ちしたので、カッとなった幸二は持っていたスパナで殴ってしまう。

傷害の罪で2年服役した幸二は西伊豆のある漁村にやってくる。そこでは半身不随で言語障害になった逸平と優子が新たに温室の園芸店を営んでいた。3人で暮らし始めた幸二は村の娘・喜美（紺野ユカ）と仲良くなりやがて肉体関係を持つ。彼女は園芸店で働く父の定次郎から強姦されていたことを知る。

幸二はある夜、部屋にやってきた優子にせまる。優子はそんなところをわざと夫に見せてうっぷんを晴らしたかったのだが幸二は嫌がった。

海岸を散歩していた時、幸二は逸平に、こんな達観しているような生活をしているが何を望んでいるのか、と聞く。その答えは「死にたい」だった。そこで親交のあった和尚に「3人の墓は並べて建ててください」と頼む。苦渋の決断をした幸二と、優子はついに逸平を絞殺してしまう。幸二は死刑、優子は無期懲役になるが、面会人に「本当に、私たち、仲が良かったんでございますよ」と告げる。

文中でもその状態を「我々は縄に囚われた三匹の魚」という会話で表している。この小説の主題を見事に切り取った言葉だろう。

週刊新潮の連載の挿絵は日本を代表する画壇の巨匠・東山魁夷が担当したが、学生時代のアルバイトを除けば画家として自立して初めての挿絵だったという。「原稿を読んでから西伊豆に行き、はじめ心配したのとは裏腹に主人公の世界に引き入れられた」と述べている。

「私は次第にこの小説の主人公達の世界に引き入れられて、はじめに心配したのとは反対に、言葉によって形成されている情景なり、心象なりが、ある時は暗くグロテスクに、ある時は明るく、のびやかに、私の眼前に生き生きとして形態となってあらわれてくるのだった」(「初めての挿絵」より。61年、芸術新潮)

三島自身も当初、新潮社から新作の原稿依頼を受けた時、担当の編集者から家族で行ったことがある小漁港、安良里がいいところだと勧められて行ったところ大変気に入ったという。

舞台になった黄金崎は夕陽を浴びて黄金色に輝くことで知られる観光スポットだが、高さ32メートルの岩はプロピライト（変朽安山岩）といって63年に県の天然記念物に指定されている貴重な場所だ。ここに73年文学碑が建てられた。

三島は先年海外旅行をしているが、「作者の言葉」の中で「キザなようだが本当の話、今年の1月ミラノのスカラ座で『フィデリオ』（ベートーベンのオペラ）を見たとき、カラヤン指揮の第二幕のあの長い間奏曲の、壮大と甘美に心を搏たれ昂奮のさめやらぬまま明かしたその晩に、突然、この作品の構造が隅々までくっきりと心に浮かび上がった」と創作の秘密を明かしている。

原作はイタリア、イギリス、中国など各国で翻訳されている。

世界の三島は、死して本を残した。

❸ これが社会派、松本清張の世界

■犯人役・加藤剛のピアノ演奏シーンは感動的

「砂の器」（1974年、野村芳太郎監督）

松本清張（戸籍上はきよはると読む）が亡くなって昨年で30年。日本文学の中で社会派ドラマというジャンルを確立しブームまで起こした偉大な小説家だ。その中でもとりわけ傑作といわれたこの『砂の器』から取りあげよう。

原作は60年から読売新聞夕刊に連載された長編推理小説で、その後光文社からカッパ・ノベルスの1冊として刊行されている。

脚本は橋本忍と山田洋次。完成した映画を観て、「原作者の松本さんが小説では絶対に表現できなかったと、映画をべた褒め」したと橋本忍が証言したほど高い評価だった。

だが完成まで順風満帆だったわけではない。それどころか幾度も消滅の危機があった。そもそも清張は先に映画化された「張り込み」や「ゼロの焦点」の出来が気に入り、わざわざ橋本・野村コンビに依頼していた。だが連載中の原作を読んだ橋本は「つまらん」と途中で放り投げたという。しかし山田との話し合いで何とかロケハンに行き脚本を書き上げた。そして撮影が始まったとたん、今度は当時の松竹社長・城戸四郎から予算オーバーという理由でストップがかかった。こうして一度はお蔵入りに。

だが橋本はせっかく脚本を書いたのだからどうしても映画化すると意地になり、東宝、東映、大映に映画化を持ち掛けた。しかしここでも内容が暗いと断られたため自分で橋本プロダクションを設立。松竹専属だった野村監督も松竹を辞めてまで作る気になり東宝と接触。すると野村を手放したくない城戸はお蔵入りを取り下げた。こうして松竹と橋本プロで製作費を折半で撮ることにようやく決定した。

5月のある朝、国電（現ＪＲ）蒲田操車場で人が殺されていた。警視庁捜査一課のベテラン刑事・今西栄太郎（丹波哲郎）と蒲田署の若い刑事・吉村弘（森田健作）は聞き込みを始め東北訛りの声を聞いたという目撃者にあたる。被害者は岡山出身の元巡査で雑貨商の三木謙一（緒形拳）と判明。専門家によると島根と東北の方言が似ていることが分かる。やがて本浦秀夫という男にたどり着いた。本浦は父とお遍路姿で放浪の旅をしていた――。

物語の核になるのが「ハンセン氏病」で、原作ではあまり詳しく触れていないが、橋本忍はかなり突っ込んだ描写で本浦父子がハンセン氏病だということを書きこんでいる。

しかし全国ハンセン氏病患者協議会から「差別を助長する」と公開中止要請があった。やむなく字幕で「医学の進歩により、もうこういった患者はいない」と入れることで納得してもらったという。

一方シナリオを読んだ黒澤明は「テニヲハを知っているお前らしくない」とダメ出ししたというが橋本はそれを完全に無視した。そして映画は大ヒット。黒澤は何も言わなかったが内心苦虫を噛み殺していたことだろう。

天才ピアニスト・和賀英良（加藤剛）が実は犯人の本浦で、自分の戸籍を隠すため犯行に及んだことになっているが、何と言っても加藤がピアノと管弦楽のための「宿命」という曲を弾くシーンが壮大なクライマックスとなっていて感動的でさえある。

このテーマ曲が、原作ではシンセサイザーだった。これをロマン派の曲に変え、芥川也寸志の協力のもと、菅野光亮が作曲した。２０１４年にはこの映画の公開40周年を記念して世界的に活躍している西本智美の指揮によりビルボードジャパンで演奏され、タワーレコードから発売されている。

橋本は映画のタイトルを最初「宿命」にしようかと考え、丹波哲郎も賛成していたが売りやすいということから「砂の器」に落ち着いたと、２０１９年の「オール讀物」に載っている。

ロケは10カ月にも及び出雲八代駅、八川駅、阿寒湖、竜飛崎、北茨城と全国を回った。配給収入7億円。この年の邦画成績第3位だった。

■執筆したのは丸の内ステーションホテル209号室

「点と線」（1958年、小林恒夫監督）

松本清張の生まれたところは北九州市の記念館をはじめ、ほとんどが小倉と記載している。しかしある担当編集者に「父親がだらしなかったため出生届を出さなかったので小倉とされているが、本当は広島だ」と明かしている。

ドラマ化された作品は映画、テレビを含め数えきれないほどあるが、今回はその中でも清張の最初の長編ミステリー小説として記念碑のような『点と線』を見てみよう。

貧しい家に生まれ職業を転々とした清張は印刷所の版下製作の職を身に付けた縁で小倉に移転してきた朝日新聞社西部支社に勤めることに。そして賞金目当てで週刊朝日の懸賞小説に応募したのが処女作「西郷札」だった。これは直木賞の候補となり、これを機に上京、東京本社に異動。

この時日本交通公社が発行していた雑誌「旅」の編集長・岡田喜秋が清張に目をつけて連載となったのがこの「点と線」というわけ。その後、加筆されて光文社から単行本として出版されベストセラーになった。

中でも東京駅の13番線から15番線が見通せるのは1日の内で17時57分から18時1分のたった4分間、という有名な推理の核になるプロットが描かれた。新幹線ホームが出来た今では考えられないことだが。

　これにはウソのような面白い話が。ミュンヘン五輪で金メダルを獲った男子バレーボール日本チームの監督・松平康隆は、この本を読んで空白を作ることを思いつき、あの「時間差攻撃」を編み出したそうだ。

　映画は「太閤記」の脚本家・井手雅人、監督は「月光仮面」の小林恒夫に決定した。

　東京駅で赤坂の料亭「小雪」のふたりの中居が安田辰郎（山形勲）を見送っているとき、別のホームでは産工省の課長補佐・佐山憲一（成瀬昌彦）と小雪の中居・お時（小宮光江）がいた。その佐山とお時が九州・香椎の海岸で、死体で発見された。最初は単なる情死かと思われたが、汚職事件を追っていた本庁の三原紀一警部補（南広）は疑いを持つ。そして博多署のベテラン刑事鳥飼重太郎（加藤嘉）とともに事件の闇に迫っていく。

「旅」の連載はいつも締め切りオーバーで編集者泣かせだったそうだ。さすがの清張も自ら打ち切りを申し入れたが、岡田編集長は「ウチが打ち切りならほかの連載も切ってください」といって首を縦に振らなかった。

　こんなエピソードがある。

　ある時、清張は締め切り逃がれの逃亡を決め込み羽田から博多へ飛んだ。岡田は博多の日本交通支社長に直通電話で連絡。「飛行機から降りたら先生を逮捕してくれ」といって捕まえた。これには清張センセイも「警察より凄い」といって苦笑いするしかなかった。当時直通電話があるのは、警察関係と国鉄くらいだったから。

安田亮子役の高峰三枝子はその当時、喉を傷めて女優業を休業状態だったが、大きな声を出さないでいい役ならば、と引き受けたそうだ。それがかえって役にはまっていると評価されたというからおかしなものだ。

執筆当時、清張は丸の内ステーションホテルの２０９号室に泊まっていた。現在は２０３３号室で2階丸の内中央口側から5番目の階段、線路側に位置しているが、当然、今はホームを見渡すことなどできない。

この部屋にはそれを記念して第1回の原稿の冒頭や当時の特急「あさかぜ」東京・九州間の時刻表などが置かれている。

西鉄・香椎駅前には清張桜と呼ばれる樹があり、人々に親しまれている。

２００7年にテレビ朝日放送50周年記念として2夜に分けて放送された、ビートたけしらが出演したテレビ版では視聴率がなんと2夜とも23パーセントを越えたというから人気のさまが分かる。東京駅のオープンセットはＪR西日本の全面協力のもと大阪の宮原総合運転所に再現された。

■無免許・高千穂ひづるの車はスタッフが押して

「ゼロの焦点」（1961年、野村芳太郎監督）

清張はこの作品も悪戦苦闘した。

まず58年から雑誌「太陽」に連載が始まったが、「太陽」が休刊に追い込まれてしまう。

その当時「宝石」の編集長だったのが江戸川乱歩で、乱歩はすぐに清張に連絡、「宝石」にその続きを連載することになった。タイトルも「零の焦点」に変えた。ところが売れっ子になった清張は取材する時間がなく筆が進まない。たちまち休載に。そして時間稼ぎに乱歩と清張の対談や創作ノートなどでお茶を濁す始末。乱歩も「作者も辛いが編集者も辛い。今は両者とも無言」と編集後記に泣き言を書いたほど。

その間「宝石」7月号からは鮎川哲也が「黒い白鳥」という推理小説を連載。すると編集部はそのストーリーが「ゼロの焦点」と似ていることに気づいた。そこでプロットを変える話し合いが持たれたという。

結局、「黒い白鳥」が59年の12月号で完結すると、後を追うようにやっとのことで本作も1カ月遅れで完結した。その間、単行本の刊行を予定していた光文社は、「宝石」編集部の頭越しに直接清張の尻を叩いたというから、どちらも必死だったことがうかがえる。

そもそもこの小説のアイデアは、山村正夫の『続・推理文壇戦後史』（78年、双葉社刊）によれば当時清張が住んでいた上石神井で、ある時近所の食堂に行くと、見るからに立川の米軍基地相手の娼婦と分かる女性に出会い、彼女たちはその後どう生きてゆくのかと疑問に思ったという。それがヒントになりさっそく執筆にとりかかったと書いている。

時代設定は戦後13年たった58年になっている。戦争の事を知らない読者のために簡単に時代背景を述べておく。戦争で敗れた日本にアメリカの占領軍がやってきて国内に基地を設けた。それが立川や現在もある厚木、福生などの進駐軍基地だった。今では自衛隊の基地と昭和記念公園になっているが、かつてここに米軍立川基地があった。そしてその米兵相手に生きる娼婦という存在があった。

板根禎子（久我美子）は広告代理店に勤める鵜原憲一（南原宏治）と結婚した。しかし憲一は出張で金沢に出かけたまま行方不明に。夫の同僚の本多と禎子は足取りを追っていくが、憲一の兄が何者かに殺害されてしまう。そして得意先の社長夫人・室田佐知子（高千穂ひづる）と出会い、夫に秘密がある事を知る。

「張込み」でタッグを組んだ橋本忍が野村芳太郎と再びコンビを組み、山田洋次も脚本で参加。

クライマックスに登場する「ヤセの断崖」は能登金剛の厳門から北に13キロの所にあるが、2007年の能登半島地震で先端が崩落したため、今は映画の場面とは違ってしまっている。

本作公開後、能登金剛では自殺者が急増。そのため少しでも自殺者を減らそうと作者直筆の歌碑と慰霊塔が建てられた。歌碑には「雲たれてひとりたけれる荒波をかなしと思へり能登の初旅」と刻まれている。

室田佐知子役の高千穂ひづるは第12回ブルーリボン賞で助演女優賞。佐知子が自動車を運転するシーンだが、この時彼女はまだ無免許だったため、スタッフが後ろから車を押したという。

原作では主人公が断崖に立ってエドガー・アラン・ポーの死後2日目に発表されたという最後の詩「アナベル・リー」を想う。それはこんな詩だ。

――いくつもの年を経た昔のこと／海に近い王国に／アナベル・リーという名の少女がいたことを／知っているだろう／この少女は／私に愛されることだけを思って生きていたと～

冒頭の6行だがこの船乗りと娘の悲恋の伝説にインスパイアされたことは明白。ただし小説で使われている詩は、原詩を引用しているのではなく合成しているのだ。北村薫と有栖川有栖が「ゼロの焦点を解き明かす！」という『オール讀物』の対談で明かしている。

この映画と前後して60年に日活も若杉光夫監督、吉田進の脚本でこの「ゼロの焦点」を撮ろうと企画を進めていたがさまざまな理由があって頓挫している。

２００９年に犬童一心監督、広末涼子、中谷美紀らによりリバイバル製作。これが最後の映画化となったが、後にテレビ版も作られているほどの人気作品だ。

■ディスコでの製作発表に松坂慶子が大サービス

「わるいやつら」（1980年、野村芳太郎監督）

清張は知る人ぞ知るチェーンスモーカーで一日十杯は飲むコーヒー党だった。執筆のために泊まったホテルのボーイが、清張の部屋を訪れると灰皿に吸い殻がいくつも山盛りになっていたので驚いたと証言している。着物と家の絨毯《じゅうたん》は焦げ跡だらけ。92年4月20日、脳出血で東京女子医科大学に運び込まれたが、肝臓がんが見つかり8月に亡くなった。どちらもタバコが原因と考えられている。

さて清張だが、78年に野村芳太郎と組んで「霧プロダクション」なるものを設立、代表取締役に就任した。これは自分の作品「黒地の絵」を映画化したかったからだと言われている。

この映画化には堀川弘通、熊井啓、森谷司郎らが監督をやりたいと申し出た。黒澤明も関心を示したという。実際、出演者に高倉健、ビートたけしらの名もあがってシナリオも第1稿が完成していたらしい。それほど清張の熱意は高かったようで、霧プロが設立する前は「黒地の絵プロダクション」と仮称で呼ばれていたほど。だが結局この映画化はさまざまな理由で頓挫することになる。

この原因などは西村雄一郎の「幻の映画『黒地の絵』を夢見た男たち」(98年、砂書房『松本清張研究』)に詳しい。

霧プロは84年に解散の憂き目を見るのだが、その間「熱い絹」という作品にも力を注ぎ、高倉健、渡辺謙、仲代達矢らビッグネームを拝してロケハンを行い、東宝、松竹、東映での制作も検討されたが、こちらも幻になった。

つまりこの『わるいやつら』は霧プロがもがいていた最中に完成したわけだ。これが松竹と霧プロの記念すべき第1回提携作品。結局84年の映画「彩り河」の完成まで計5作品が松竹との提携作品となった。

原作は60年に「週刊新潮」に73回にわたって連載された長編ピカレスク・サスペンス。62年に新潮社ポケット・ライブラリーとして刊行されている。

中野にある病院を経営する院長・戸谷信一（片岡孝夫）は赤字に苦しんでいた。妻とは別居中。その間に作った愛人から金を巻き上げ何とかやりくりしていた。ある時知り合ったデザイナーの槙村隆子（松坂慶子）を気に入り結婚願望が湧く。だがそれにはさらに金が必要だった。ところが愛人のひとり横武たつ子（藤真利子）の夫が急死したことから計算の歯車が狂いだす。

この小説を書くきっかけとなったのは、清張の母・タニが亡くなったことによる。自身のエッセイ「創作『ヒント帖』から」の中で埋葬許可証を区役所にもらいに行ったところ死亡診断書もろくに確認せずに発行されたことに驚いたことだという。そこからトリックが浮かんだに違いない。

連載した時にあった藤島チセ（映画では梶芽衣子）と戸谷が温泉で関係を結ぶ場面は、単行本化されたとき、バッサリ削られた。

福岡隆著『人間・松本清張―専属速記者九年間の記録』(68年、大光社刊)によれば、清張が飲みに行ったり食事に行くたびに店員から、次の展開はどうなるんですか、とよく聞かれたそうだ。読者の反響の大きさを物語るエピソードだ。

衣装はファッションデザイナーの森英恵が受け持った。ファッションショーに自身が客席にすわって出演しているが、これは清張自身からの強い要望があったためだという。

制作発表も驚きもの。今は現存しない六本木のディスコに「わるいやつらの会」なるもののメンバーが集まった。紀伊国屋書店の社長だった田辺茂一、デザイナーの石津謙介、写真家の大竹省二といったそうそうたる顔ぶれがその中心で、マスコミに請われて松坂慶子と清張センセイがダンスを踊るという出血サービスぶりだったそうだ。売るのも大変という見本。バブル景気に浮かれた当時の情景が目に浮かぶようだ。

配給収入5億3500万円。音楽は芥川也寸志。

この作品も人気があって、テレビでは都合4度作られている。85年版は古谷一行、01年版は豊川悦司、07年版はテレ朝の連ドラとして作られ、上川隆也、14年版は船越英一郎が戸谷信一を演じている。

■捜査担当検事の助言が創作のヒントに

「眼の壁」（1958年、大庭秀雄監督）

松本清張といえばイコール社会派ドラマというのが定説になっている。だがデビュー作が「西郷札」という西郷隆盛が発行した戦時札の話だし、芥川賞をとったのは「或る『小倉日記』伝」という歴史ものだった。その他にも「くるま宿」「秀頼走路」「五十四万石の嘘」といった時代小説をたくさん書いている。大作「かげろう絵図」は市川雷蔵、山本富士子主演で映画化（59年）されている。絶筆となったのは「江戸綺談　甲州霊獄党」だった。それだけ社会派ドラマを書く以前から歴史ものに強い関心があったことがうかがえる。

一方、「日本の黒い霧」「小説帝銀事件」といったノンフィクションにも手を染めておりそのアンテナの広さには驚かされる。

この「眼の壁」は知能経済犯による詐欺事件が頻発して社会的な問題となった時期に書かれたもので、その意味では社会派ドラマというジャンルに入るだろう。この後に書かれた「点と線」と並ぶ初期の代表作だ。「週刊読売」に57年から連載された長編ミステリー。その後光文社のカッパ・ノベルスから単行本になり90万部のベストセラーを記録、経営危機にあった光文社を救ったとされる。経済犯罪の先駆的小説と言えるだろう、その後に発表された高木彬光の「白昼の死角」にも影響を与えている。
電機メーカーの会計課長・関野徳一郎（織田政雄）はパクリ屋に引っかかり3000万円をだまし取られた。遺書を残して関野は湯河原の山中で自殺。部下の萩崎竜雄（佐田啓二）は新聞記者の田村満吉（高野真二）の手を借りて犯人を追及。すると高利貸の秘書という女・上崎絵津子（鳳八千代）に突き当たった——。

そもそもこの小説を書くヒントは、戦後最大の贈収賄事件といわれた昭和電工事件の捜査で腕を振るった当時の検察庁の検事、河井信太郎からの一言だったそうだ。それは「今までの推理小説は捜査1課ばかりだな。捜査2課もあるのだから、そっちも書いてみたらどうか」というアドバイスだったという。

このことは清張自身が「随筆　黒い手帖」（61年、中央公論社刊）に「眼の壁のヒント」という項目があり、創作メモに書いている。本作で使われた手口は籠脱け詐欺というものだが、実際はもっと複雑だったそうだ。また並行して河井から聞いた事件をヒントに短編「鬼畜」も書き上げている。

死体を溶かして消滅させるという殺人のトリックは、実際に56年に東京・足立区の日本皮革の工場であった殺人事件がもとになっている。この事件は犯人が皮をなめす樽の重クロム酸ソーダに水と濃硫酸を加えた液に死体をつけて、溶解しようとしたものだった。犯人は自責の念から自殺を図ったことから発覚した。

本作では地名や人名が問題になった。場所が特定され差別が助長されると部落解放同盟から非難されたため話し合いがもたれ金銭で解決したという。

前にも書いたが、74年公開の「砂の器」ではハンセン氏病患者協議会からの「待った」があった。映画製作に人権問題は避けて通れないことのようだ。

本作に登場する「清華園」のモデルは現在の岐阜県厚生農業協同組合連合会東農厚生病院。

それにしても清張センセイは交友関係も幅広かった。美空ひばりに歌を作詞する約束をしていたがついに実現しなかった。完成していれば「雑草の歌」というタイトルだった。

最終学歴は高等小学校卒だが、衛生兵として朝鮮に送られた体験があり、洋書を読みふけったり、朝日新聞社時代は先輩からたっぷり学んだので海外に取材旅行に行った時も通訳は必要なく、英語でスピーチしたそうだから凄い。

趣味はパチンコで行きつけの店は西荻窪駅前にあり変装していったというが、知人によればいつもバレバレだった。また生前に書いた遺書には「自分は努力だけはしてきた」とあった。足跡をたどってみると確かにそうだとうなずける。才能だけでなく努力の人だったのだ。

❹ ＳＦ作家小松左京が見ていた未来

■コロナウィルスを予言させる細菌が主役

「復活の日」（1980年、深作欣二監督）

星新一、筒井康隆と並んで「ＳＦ御三家」と呼ばれた小松左京も亡くなってしまった。ファンならご存知かと思うが、まず簡単な略歴を挙げておこう。

本名は小松実。1931年に大阪で生まれている。少年時代は病弱で歌や漫画、読書、映画に熱中したという。兄が大手電機メーカーの技術者だったことから科学的知識を教わったことが後に大いに役立つことになる。

京大卒業後はジャーナリストとして活躍。またバイオリンが得意で同級生の俳優・高島忠夫とバンドを組んだこともある。さらには「もりみのる」などのペンネームで「漫画王」に漫画を発表したことも。1970年の大阪万博では主要スタッフになるなど多彩な知識人であった。「左京」と付けたのは若いころ左翼にシンパシーを感じていたからだという。

作家デビューは1962年に「ＳＦマガジン」に発表した「易仙逃里記」。63年には日本ＳＦ作家クラブ創設。この年刊行の『地には平和を』で直木賞候補となる。80歳で亡くなるまで精力的に活躍した。

さてこの『復活の日』は1964年に小松が書き下ろした長編第2作にあたる。映画版はアメリカ大陸横断ロケや南極ロケを敢行、製作費は当時破格の30億円以上ともいわれた大作。内容は現在のコロナウィルスを連想させるような細菌兵器が軸になっている。

米ソの冷戦が雪解けに向かっていることを快く思わない米軍のランキン大佐（ジョージ・トウリアトス）は細菌学者のマイヤー博士が作ったMM―88というウィルスをひそかに強い毒性のあるモンスターBC兵器に作り替えていた。

その脅威を知った東ドイツの科学者がワクチンを作るため専門家にサンプルを送ろうとしたが、その飛行機がアルプス山脈に墜落してしまった。するとカザフスタンやイタリアで謎の病気が広がり各国の主要都市を壊滅状態にしてゆく。そして米国のリチャードソン大統領（グレン・フォード）は南極の越冬基地に各国の基地だけが残された最後の人類だと連絡をするのだった。

この映画化の企画はすでに小説刊行の翌65年に挙がっていたが、モタモタしているうちにアメリカの作家マイケル・クライトンが69年「アンドロメダ病原体」という本を出してベストセラーになったため立ち消えになる。

70年に角川春樹が角川書店を継ぐことに。そして社の方針もエンターテインメントを中心とすることに変更された。そこで白羽の矢が立ったのがこの作品というわけだ。角川は小松に「これを映画化するために会社を継いだ」と語っているほどだから関心の強さを物語っている。

自著『試写室の椅子』の中でも「映画製作を行うようになったのは『復活の日』がきっかけだった」とも。監督はヤクザ映画を多く撮ってきた深作では似合わないと周囲から反対されたが、カメラの木村大作とセットということで角川が押し切った。

南極ロケには面白い話がある。最初は北海道ロケで済まそうと考えていたが、それなら降りると木村大作が主張、そこで会社は製作費の捻出に頭を抱えたという。また実際の潜水艦シンプソンや哨戒艇をチリ海軍からチャーターしたというから日本では考えられない事だ。さらには出演者やスタッフらが宿泊に使っていた客船が浸水するという事故も発生し、チリ海軍に救助されたことがNYタイムズのトップを飾るという恥かしいおまけまでついた。

南極ノルウェー隊にオリヴィア・ハッセー、南極アメリカ隊にジョージ・ケネディなど著名俳優を多数配役したことから台本は大幅に英語部分が増えた。

製作費は当初15億円ほどを予定していたが結局倍近くに膨らんだ。興行収入は24億円を記録し大ヒットと言えたが、海外セールスは振るわずトータルで赤字に。角川春樹は「これで勝負は終わった。これからは利益を上げる映画作りにシフトします」と方針転換を表明した。

■大災害を予言する半世紀前の慧眼には驚き

「日本沈没」(1973年、森谷司郎監督、特撮＝中野昭慶)

この『日本沈没』は2006年にもう一度、樋口真嗣監督、主演・草彅剛で作られているが今回は最初の73年版を紹介しよう。

正月用として作られたものだが、契約に際しては公開後にテレビ版も作るという約束であったため、TBSのテレビクルーが撮影現場で本編と同時にカメラ2台を回すという変則スタイルだった（実際74年と2001年にテレビドラマ化されている）。

本作では特撮に力を入れ、従来の怪獣特撮物からの脱却を狙った。そのため円谷英二の後継者と目された中野昭慶がこれまでのものとは違い建築工学を重視、綿密な科学的根拠を基にセットが作られたので、よりリアルな倒壊場面を撮ることが出来た。

たとえば東宝第7スタジオに作られた富士山麓の模型は1200分の1のスケールを望遠で撮るなどの工夫がされ、また海の波がしらも、円谷英二が考案した従来の寒天ではなくディストメイトという青い塗料を使うなど随所に革新的な変更がされている。アジア映画祭ではこれらが高く評価され特殊効果賞を受賞するなどしている。

小説は光文社からカッパ・ノベルスの書下ろしとして64年から書き始められ、9年がかり上下巻として完成したところ385万部という大ヒット。小松自身は最初「日本滅亡」というタイトルを考えていたが編集者が「日本沈没」のほうがユーモアがあると提案、それが採用された。

小笠原諸島の小島が突然消えた。地球物理学者の田所博士（小林桂樹）は調査のため現地に飛ぶ。潜水艇で潜ると海底に亀裂があるのを発見する。

その後、伊豆半島で大きな地震があり内閣が田所博士の意見を聞くことになった。田所は「巨大地震が起きて日本が沈没するかもしれない」と説くが、周囲の失笑を買うばかりだった。ところが財界の黒幕で箱根の老人と陰口される渡老人（島田正吾）は田所説に興味を抱き、首相（丹波哲郎）を呼び寄せるとひそかにD計画を立ち上げさせた。それはいざという時に日本人を国外に脱出させるというものだった。

そんななか、マントル対流の変化で2年以内に地殻変動が発生するという田所説が真実味をおびて迫っていた。京都付近で巨大地震が発生し、富士山が噴火、四国が消えたのだ。首相はついに国民に真相を発表する決心をする――。

配給収入は16億4000万円を記録、この大ヒットに気をよくした東宝はこれ以後「ノストラダムスの大予言」「東京湾大炎上」といったディザスター・パニック映画の製作に軸足を移した。

アメリカでも75年にアメリカ版を上映している。これはハリウッドの俳優を使ったシーンを追加で挿入したものだがオリジナルより短くなっている。

何といってもこの小説の凄いところは近未来を見通していることだろう。たとえば東京国際空港（現・成田国際空港）、青函トンネル、大型コンピューター、超電導リニアモーター、など当時まだ存在、ないしは完成していなかったものを科学的に取り上げていること。

東大の上田誠也教授などは当時の中央公論に「マスタークラスの論文並みだ」と絶賛したくらいだ。そもそも当時ようやく世界に認められ始めたプレートテクトニクス理論（大陸移動説）をテーマにするという発想が凄いと言える。また大規模災害への警鐘という意味でも大きいものがある。

この空前のベストセラーで小松左京は当時の金額で1億2000万円という収入があった。小松自身も映画では冒頭の小野寺（藤岡弘）と吉村（神山繁）が打ち合わせるシーンに海底開発興業の社員としてカメオ出演している。

ちなみに第2部は日本人が難民となって世界中に散ってゆくというストーリーで、難民問題が世界的な話題になっている昨今何とも皮肉といえよう。2006年に谷甲州との共著で出版されている。谷は若手SF作家でアジア圏での生活が長かったため引きついだ。

2006年に「日本沈没」は樋口真嗣監督、草彅剛主演でリメイクされており、これに合わせて出版されたものだ。2006年版は前作にはなかった名古屋の壊滅シーンを加え、53億円という興行収入を叩き出している。

■超能力を持ったスパイたちの死闘を描く

「エスパイ」（1974年、福田純監督、特撮＝中野昭慶）

小松左京の通俗的なSF小説が原作。すでに1966年に映画化権を東宝が取り企画が動き始めていたが、主要俳優の若林英子が東宝専属からフリーになったためやむなく中止に。それが妙なところで息を吹き返す。

74年にスプーン曲げで記憶に残るユリ・ゲラーが来日して一大超能力ブームが起きた。そこで企画が復活したというわけ。

エスパイとは小松の造語で、エスパー・スパイを意味する。

意図的に描かれた通俗シーンが見受けられるが、これには理由がある。原作は64年から「週刊漫画サンデー」に連載されたもので、同じく連載されていた山田風太郎の忍法帖ものに頻発《ひんぱつ》したエロチックな場面が人気を博していた。そこで編集部が対抗心を燃やし、エスパイにも取り入れて欲しいと強く小松に無理強いした事から実現したもの。本人は嫌だったに違いない。

映画化に際し、時間的制約から原作とは登場人物や設定にかなり変更、異動が加えられている。たとえば主人公であるエスパー・スパイの超能力者・田村と恋仲になるイタリア支部長のマリア・トスティはマリア原田に。新米エスパイの三木は原作には出てこないオリジナルキャラという具合に。

ストーリーはこうだ。

世界中の指導者が次々に暗殺されていた。敵が誰なのか分からない。エスパイNY支部ではエスパイに対抗する敵の超能力者集団が存在することが判明、調査に乗り出す。日本支部のリーダー・法条(加山雄三)は三木(草刈正雄)という男をスカウト、一流のエスパイになれると見込んでトレーニングに励んでいた。

するとポール(山谷初男)という男が重大情報を持っているという情報を得て、田村(藤岡弘)とマリア(由美かおる)はイスタンブールに飛ぶ。そこで敵のエスパイの次のターゲットがバルトニア国の首相暗殺計画だと知る。

ところがバルトニアの首相には「影武者」がいてサンモリッツとパリのどちらにいるのが本物か分からない。そこへ敵のエスパイ・巽(内田勝正)が襲ってくる。ポールは殺されマリアは捕まった。田村も超能力を使い果たし、敵のウルロフ(若山富三郎)という男に捕まり地中海に沈められた。田村を救ったのはソ連の潜水艦だった。

そのころ本物のバルトニア首相は日本を訪問。レセプションの最中ウルロフが幻覚で大地震を起こし大混乱になるが、その時、テレポーテーションで田村が現われる。それはエスパイの間でも時間移動は無理だと思われていた特別な能力だった。そして最後の死闘が……。

クライマックスの国際会議場での田村のテレポーテーションの場面は撮影に苦労した。いろいろ試したがうまくいかず、シャンデリアが落下する場面を撮った特撮班と人々が逃げ惑う本編班のフィルムをつなぎ合わせたという。だが虎ノ門ホールで行われた一般試写会では失笑が起こり、小松自身も「もっとなんとかならなかったのだろうか」とぼやいたと伝えられる。

イスタンブールの国際鉄道などは現地でのロケだったがウルロフ邸は大倉山記念館、バルトニア首相邸は八ヶ岳高原ヒュッテが使われた。

ポスターにアポロ宇宙船が映っていたため宇宙船へのテレポーテーションのシーンを撮りたかった福田監督だったが、製作費も限度があり却下されてしまった。同じくウルロフも最初はキリストと釈迦とも関わる異形の宇宙人として書かれていたが、これも金がかかるとしてカット。

マリア役で出演の由美かおるは小松のたっての希望だったとか。田村役を誰にするかは最後まで難航したという。

平尾昌晃作曲、山口洋子作詞の主題歌「愛こそすべて」は尾崎紀世彦が歌っている。

「首都消失」（1987年、舛田利雄監督）

■兵器マニアは必見、戦車や戦闘機の実物を転用

原作は１９８３年から北海道新聞、中日新聞、西日本新聞で連載され、85年に徳間書店から単行本として発行されたもの。第６回日本ＳＦ大賞受賞のベストセラー小説。

小松左京のＳＦ小説は、本当に起きてもおかしくない未来予知的なものが多い。それも科学的な理由に裏打ちされたものだから信憑性があるだけに恐ろしい。実際10年前に想定外の３・11東日本大震災があっただけに、こんなことが絶対にないとは言い切れないのだ。

Ｓ重工の総務課長・朝倉（渡瀬恒彦）は東京本社へ戻る途中、新幹線が浜松駅でストップして困ってしまった。すると偶然、知人で航空自衛官の佐久間（夏八木勲）と出会い車に便乗させてもらい本社に戻ることが出来た。東京では上空に謎の巨大な雲が出現し首都を覆《おお》っていた。その雲のせいで通信は遮断され交通は大混乱、政府も右往左往していた。

理学・工学博士の大田原（大滝秀治）はＳ重工からの依頼で雲の調査をしていた。判明したのはその雲が高さ１５００メートル、半径30キロにも及び、銃弾をも跳ね返してしまう途方もない謎の物質だということ。米軍厚木基地では外務省の堀江国際局次長（竜雷太）が在日米軍と自衛隊の幹部と緊急会議を開いていた。このことはローカル紙の記者・田宮（山下真司）も知ることとなる。

雲の発生から10日。雲からは強力なビームが発せられ飛行機や人工衛星に深刻な影響を与え、政府は機能しなくなっていた。そこで全国知事会が国政代行を行うことを決めた。

だがアメリカはこの雲を軍事利用できないかと画策を始め、それを知ったソビエトは大艦隊を北海道の沖に送り込んできた。すると巨大地震が起きてソ連の艦隊は大打撃を負う。やがてこの雲の正体は地球外知的生命体が送り込んできた自動観測装置ではないかという結論に達した。

４カ月たって雲は現われたときと同じように、突然消えた。

「日本特撮・幻想映画全集」によると雲は１００トンにもなるドライアイスなどを使用。またスタッフ全員防塵マスク着用で建築用資材のフライアッシュを使用したとされる。

雲によって乱れたテレビ画面では一瞬だが「ひらけポンキッキ」が映っている。また初めてハイビジョンで雲に人が呑まれるシーンを撮っている。

原作と違うのは九州のローカル紙記者とあったのが大阪の新聞社に変更されていること。「雲」というのが劇中では「物体O《オー》」と呼ばれていること、さらにS重工の朝倉課長が北斗電機技術開発部長になっている、などがある。物体Oは64年に短編「物体O」として書かれ、その共通性が指摘されている。

小松の当初の構想では雲が消えて助かった人たちの知能が異常に高くなっている、という結末だったが連載の都合で断念したそうだ。小松は他にも「アメリカの壁」という短篇や「こちらニッポン…」

という通信障害がテーマの作品を書いており、類似性が指摘されてる。

そのせいか、中身がないと批判された。たとえば、ラストで子犬が生きていた——というシーンで終わるが、この犬ってもともと雲のこちら側にいたんじゃない？肝心の人間は生きていたの？という具合で、子供だましの感が否めない。

劇中ではさまざまな兵器やヘリ、トラックの実物や映像が多数登場している。自衛隊のM３A1装甲車は本物のM16対空自走砲の払い下げられた車両から砲身を取り除きM３に似せて作り上げたレプリカ。これは「戦国自衛隊」でも使われているものと同じだ。ＥＰ—３Ｅ電子偵察機は「ゴジラ」の特撮用で作られたミニチュアモデル。

ソ連軍のモスクワ級ヘリコプター巡洋艦、カシン型駆逐艦、米軍ではカリフォルニア級原子力ミサイル巡洋艦など。また海上保安庁のみずほ型巡視船、しらさぎ型油防除艇なども登場する。兵器に詳しい人ならうれしいだろう。

配給収入は7億６０００万円だった。本作は日本アカデミー賞特別賞を受賞している。

■ハリウッドから原作購入のオファーも

「さよならジュピター」（1984年、総監督＝小松左京、監督＝橋本幸治、特撮＝川北紘一）

この作品もブラックホールの概念という近年認知された科学的成果をメインに、環境保護をうたう反科学団体との対立という現実的なものを提示している。しかし映画そのものは興行収入3億円にしかならず、さまざまなものを詰め込みすぎだと批判され失敗作とされている。

1977年に公開され世界的大ヒットを記録した「スター・ウォーズ」に触発され日本でもSFブームが沸き起こった。

かねてからアーサー・C・クラークの名作「2001年宇宙の旅」に匹敵するものを作りたいと考えていた小松は東宝と合意「惑星大戦争」を製作した。しかし飽き足らない彼は田中光二や豊田有恒、横田順彌ら主だったSF作家を集めて話し合い、軌道計算のシミュレーションをパソコンで行うなど本作の下地を作った。

舞台は2125年、太陽系開発機構は地球のエネルギー問題を解決するため木星太陽化計画（JS計画）を推し進めていた。月の前哨基地ミネルヴァにいるJS計画の調査主任・本田英二（三浦友和）を宇宙飛行士のホジャ・キン大尉（ロン・アーウィン）と言語学者のミリセント・ウィレム博士（レイチェル・ヒューゲット）が訪れる。火星の極冠を溶かしたら下からナスカの地上絵とそっくりな絵が出てきた。これは宇宙人の地球に対するメッセージと思われる。調査に協力して欲しい、鍵は木星の大気にあるというのだ。本田は協力を約束する。

一方久しぶりに恋人のマリア（ディアンヌ・ダンジェリー）に会った本田だが彼女に違和感を覚える。実は過激な環境保護団体ジュピター教団に加わっており、常々その行動に不審な影が。

そしてキンらを載せた彗星探査機スペース・アローが謎の失踪を遂げた。本田らが調査すると宇宙船はマイクロ・ブラックホールに飲み込まれたらしいという事が判明する。しかも計算ではそのブラックホールは太陽へのコースをたどっている。慌てた各国が協議するがほかの天体への移住計画は人数に限りがあるとして断念。

そこで本田は推し進めていたＪＳ計画を応用して木星を核爆発させ、ブラックホールの進路を変更させるという案を提示、各国の賛成を得る。タイムリミットまで2年しかない。しかしその計画を阻止するため、マリアたちの属するジュピター教団の破壊工作員が行動を開始、ミネルヴァ基地に潜入するのだった――。

初稿のシナリオが出来るとアメリカから原作を買い取りたいとのオファーがあり一時は日米合作も視野に入れていたが、アメリカ側が俳優もすべてアメリカ人にし、原作者に関与させないという契約だったため小松が断ったという経緯がある。

83年の撮影台本の段階では森谷司郎を監督にする予定だったが死去したため助監督を務めていた橋

本幸治にお鉢がまわってきた。

初稿のシナリオを基にした単行本が映画に先駆けて80年に週刊サンケイから発行されているがこの時は豊田、田中、そして山田正紀との連名で出版されている。

火星極冠の爆破シーンは12トンの水を東宝撮影所で一番大きい第9スタジオを使って一発勝負の放出。これにはスタッフ全員最高に緊張したという。また木星の爆破シーンでは日本で初めて本格的なCGを実景として使用している。

劇中に出てくるブローチ型言語翻訳機は三浦友和のアイデアだそうだが、本当は英語の不得意な三浦ができるだけしゃべらなくて済むようにと考えたことだったとか。

木星に突入する探査機は、NASAが1989年に打ち上げ2003年に木星に落下させたガリレオ探査機で実現している。現実が映画に追いついたわけだ。

主題歌、劇中歌とも松任谷由実が歌っている。また他にも小松自身の作詞した曲が劇中で使われている。

❺ 映画でみる太平洋戦争、開戦のあの日

■黒澤降板劇以後も続いたドタバタ劇

「トラ・トラ・トラ！」（1970年、舛田利雄、深作欣二、リチャード・フライシャー監督）

また今年も開戦の日が訪れた。1941年12月8日、日本軍はハワイの真珠湾を奇襲攻撃して太平洋戦争が始まった。映画もたくさん作られた。そこでその中でも面白い逸話が残っているものをご紹介しようと思う。

まず「トラ・トラ・トラ！」から始めよう。

この映画は20世紀フォックスがノルマンディー上陸戦を描いた「史上最大の作戦」が大成功だったため、2匹目のドジョウを狙って製作しようと思いたった。ストーリーは真珠湾攻撃に至るまでの政治的駆け引きや作戦を、日米双方から描こうとしたもの。

従って監督も両国から選ぶことに。最初日本側の監督は黒澤明に白羽の矢が立った。黒澤監督は最初、乗り気ではなかったという。しかしそのころ独立して自分の事務所を作ろうと考えていたのでハリウッドの大作をやれば渡りに船と引き受けた。

1968年、太秦の東映京都撮影所でいよいよ撮影が始まった。ところが3週間もしないうちに黒

澤監督は表向き「病気により降板する」と発表された。当然これにはマスコミも大騒ぎ。

真相は、後に監督自身が述べている通りどうやら「僕は戦争体験がないので本当の怖さが分からないんだ」という精神的なプレッシャーにあったようだ。だから執拗と思えるほど現場では神経質になっていたという。

例えば海軍の病院のカーテンがしわだらけなのを見て怒ったとか、ガードマンを現場に常駐させろ、とゴネたとか、カチンコの叩き方が悪いと助手をクビにしたこともあったらしい。

監督自身が酔ってスタジオ入りすることもたびたびあったというから、かなり神経質になっていたことがうかがえる。

さらに監督自身の話によるとセットの山本五十六提督の部屋に、何を血迷ったか時代劇に使う連判状が置いてあったというのだ。それを見て激怒し、撮影は中止になってしまった。

他にも黒澤監督は自分が総監督のつもりだったが、そうではないと分かり不満を爆発させたのではないかという説もあるが、定かではない。

さてここからドタバタ劇が始まる。後任の監督選びに20世紀フォックス側が色々な注文をつけたことからますます混迷。まず演出を担当していた佐藤純弥が一度は監督になったもののすぐに降板。

次に小林正樹、市川崑、岡本喜八、中村登、熊井啓と名前が挙がったが、「なぜ黒澤監督がクビになったのか、真相が分からないから」とすべて拒否された。結局舛田利雄が「面白そうだ」と引き受けたのだが、このゴタゴタで撮影準備期間が大幅に削られてしまった。

このことで舛田監督は「僕一人じゃ無理だ」と弱気になり、助っ人として深作欣二に声をかけたという訳だ。

降板劇はそれだけではない。決まっていた音楽の武満徹や、戦艦長門や空母赤城のセットを作った美術スタッフらも辞めてしまった。さらに山本長官役をオファーされた三船敏郎も断ったという。結局、舛田監督の推薦で山村聡に決まりことなきを得たが……。

源田実中佐役だった山崎努も三橋達也に変更になり、黒澤監督が撮ったシーンはすべて撮り直しとなった。

こうして悪戦苦闘の末完成した映画だったが、アメリカ公開版と日本公開版が存在する。オープニングクレジットの違いと、アメリカ版でカットされた2シーンが日本版に追加され、皮肉なことに1970年度のアカデミー視覚効果賞を受賞している。

■軍服がサルエルパンツとは一体どこの軍隊だ

「パール・ハーバー」（2001年、マイケル・ベイ監督）

この映画はアメリカでは大ヒットしたものの、作り方や史実と違うところがたくさんあり、批評家からは「ずさんすぎる」と酷評された。

だからアカデミー賞では音響効果賞を受賞するものの、同時にラズベリー賞（最低な映画）にもノミネートされている。

戦争映画といっても中身は戦争に名を借りた安っぽい恋愛映画だ。

レイフ（ベン・アフレック）とダニー（ジョシュ・ハートネット）は親友同士。ある日レイフは美しい看護婦イヴリン（ケイト・ベッキンセール）と恋仲になる。

ところがダニーとイヴリンにハワイへの転属命令が下る。一方ヨーロッパ戦線へ送られたレイフは撃墜され戦死する。嘆き悲しむダニーとイヴリンはいつか恋仲になっていた。ところが戦死したはずのレイフが生還したから大変。恋のバトルが始まるのだった…とこんな具合だ。

ストーリーはさておき、ご記憶の方もいると思うが、完成試写会が、あろうことかサンディエゴから、わざわざハワイまで航行させた空母ジョン・C・ステニスの艦上で行われた。この試写会だけでも6億円を使ったことが批判の的となった。

しかも日本人と日本のマスコミは完全シャットアウトという異例のやり方だった。これには「やりすぎだ」と識者から非難の声があがった。

さらに映画の中身にも問題がありすぎだといわれた。この作品、当時としては最新のCGを多用しているのだが、登場する飛行機も史実とは違うものばかり。

例えば（本物は残っていないので仕方ないのだが）零戦や九七式艦上攻撃機などは実際の型と違うもので代用しているし武器や爆弾も違う。いかにも考証がでたらめだと批判の的になった。

極め付きは東条英機や山本五十六など日本軍の中枢がパール・ハーバー攻撃の作戦会議をしている場面が、なんと野原。近くでは子どもが凧揚げで遊びまわっているという、ありえないシチュエーション。しかも、どう見てもあの凧は中国製のよう。見張りの兵隊の軍服は陸軍でも海軍のでもない。しかもサルエルパンツ着用ときている。一体どこの兵隊だ？

日よけのテントには「尊王」「憂国」「皇国」とあり、意味のわからない「勇我」という文字まで。また日本の軍艦の中の祭壇には仏像がまつられろうそくが灯されている。火事になる危険物は船に持ち込むはずがないのだ。

さらにパール・ハーバーを奇襲した日本軍機が民間病院や民間人を機銃掃射しているシーンがあるのだが、当時の記録によると市街地へは飛行していないのだから、こんなことはあり得ないということになる。過剰な演出と非難されても仕方ないだろう。

他にも、軍事に詳しい人が見ればわかるのだが、米軍には、当時まだ存在していないスプルーアンス級駆逐艦が映っている。真珠湾攻撃から34年後の就航だからあり得ない。再上映の時には注意してみるといい。

後半でドーリットル指揮の爆撃機がレイフとダニーを乗せて東京へ出撃してゆく。しかし戦闘機乗りが爆撃機に乗るなどあり得ない。と、ないない尽くしの映画になっている。

だがもちろん全く考証を無視しているわけではない。退役空母レキシントンを日本の空母赤城に見たてて攻撃機発艦シーンを撮っているのだが、赤城にある左舷デッキを再現するために艦前方ではなく後方から発艦させるという努力をしている。CGを使っていない努力は評価するが、どう見ても理解不足か悪意が感じられる映画である。

本家のアメリカでもロジャー・イーバートという映画評論家は「この作品は真珠湾攻撃を知らないか、第二次世界大戦を知らない人を対象に作ったのだろう」と酷評していた。アカデミー賞の音響効果賞を受賞しているが、主要な賞にからまなかったのが、せめてもの幸いというべきか。

■米軍艦を借用したことがバレてあわやお蔵入り

「ハワイ・マレー沖海戦」（1942年、山本嘉次郎監督）

これは1年前の12月8日、真珠湾の奇襲に成功し、12月10日にはマレー沖海戦に勝利した海軍省が、開戦1周年の戦勝記念として国威発揚を狙って東宝に製作を命じた国策映画だった。

ところが製作する側には、命じておきながら軍の機密だとして軍艦や飛行機は撮影も見学も許されず、データはおろか何の提供もしてくれなかった。この理不尽な報道管制には山本監督だけでなく東宝も頭を抱えたという。

ましてや海軍のことなど何も知らない〝カツドウ屋〟たち。土浦航空隊の時鐘番兵が鳴らす「三点鍾」をどんな階級の兵士がどんな鐘をどんなふうに打つかも知らないままクランクインしたという。

ストーリーは前半が海軍のパイロットになるために予科練に入隊して厳しい訓練にも耐え、次第に成長してゆく友田義一（伊東薫）と、彼を支えるその母、つね（英百合子）、姉のきく子（原節子）との姿が描かれる。

後半は特撮を用いて真珠湾攻撃と、イギリスの戦艦プリンス・オブ・ウエールルズを撃沈したマレー沖海戦で盛り上げる。

さてこの特撮だが、現在のようにCGやVFXがなかった時代。もっぱらミニチュアを使うのが主流だった。

その特撮の第一人者が円谷英二だ。実物の15分の1の模型と3メートルの模型、50センチの模型を作ったそうだ。

フクちゃんで知られる横山隆一が見学に来て「本物と違って此の軍艦は金具がいっさいありません。資材の節約で木と石膏とゴム管でできた軍艦です」と書いている。

ようやく完成した映画を戦艦大和で上映した時のこと、鑑賞した宇垣・連合艦隊参謀長はその精巧なセットのあまりのリアルさに息を飲んだ。海軍省のお偉方もこぞって絶賛したと記録にある。

ただし宮様が試写を見た時、日本艦隊の背景の軍艦がアメリカの軍艦を借用していたことがバレ「あれは敵の軍艦ではないか」と激怒し、あわや映画はお蔵入り寸前に。

しかしそれにには訳があった。先にも書いたが、海軍省が本物の軍艦を「軍の機密だから見せるわけにはいかん」と製作に協力しなかったため、山本監督はやむなく敵の軍艦を日本海軍の船のように見せなければならなかったからだ。

宮様の怒りを知って監督は「それみたことか、秘密にしたせいだぞ」と思ったそうだが、お蔵入りもやむなしと観念していた。

ところが映画は無事に公開され評判になった。その後山本監督は「どうして公開にまでたどり着けたのか不思議だ」と述べている。周囲の軍高官が映画をほめちぎって宮様を懐柔したのだろうことは想像に難くない。

それにしてもミニチュアセットとは別に、敵の航空母艦サラトガやレキシントンを写真だけを頼りに実物大で再現したセットは特筆もの。

同じく実物大の戦艦長門を作った後年の傑作映画「トラ、トラ、トラ!」(1970年)に当然大きな影響を与えた。

さてミニチュアの特撮に戻るが、円谷は波うつ海原をどう表現したらいいか考え抜いて、寒天を使うアイデアを思いついた。これ以後波うつ海原を描くのには寒天が定番となった。「妖星ゴラス」「日本沈没」にも使われている。

戦後GHQは接収したこの映画を見て「攻撃シーンは実写に違いない」と思い込み、元になった記録映画のフィルムを提出しろと強要してきたという。それほど素晴らしい特撮に仕上がっていたようだ。

余談になるが、主演の伊東薫は撮影終了後に入隊が決まっていた。そして1か月後に中国の戦線で戦死している。20歳だった。さぞ無念だったろう。

■一見真面目だがパロディー満載、三船敏郎が意外な貢献

「1941」（1979年、スティーブン・スピルバーグ監督）

映画『1941』について語ろう。これは1979年のアメリカ映画。ユニバーサル映画とコロンビア映画の共同製作。

脚本がロバート・ゼメキスとボブ・ゲイルという豪華な組み合わせだ。しかし残念ながら公開されると散々な批評で興行的にも失敗してしまった。

後にスピルバーグは「自分は奢っていた。これからは謙虚になるよ」と反省の弁を語っている。というのはこの映画の前に監督した「未知との遭遇」が大ヒットしたおかげで撮影現場ではかなりわがままを通したからだった。

テーマは戦争の恐怖を描いたものだが、随所にコメディーな場面がみられる。これが不評の原因だったようだ。

実際、愛国者で知られるジョン・ウェインやチャールトン・ヘストンにカメオ出演ながら将軍役で出て欲しいと出演をオファーしたが、帰ってきた答えは「極めて非アメリカ的で残念だ。パール・ハーバーで何千人ものアメリカ人が死んでいるのに、君はそれを面白おかしく描こうとしている」と出演拒否のコメントだった。

物語はこうだ。パール・ハーバー攻撃から6日後。日本の潜水艦伊―17は羅針盤の故障で、気づくとアメリカ本土に近づいていた。艦長のミタムラ中佐（三船敏郎）は、アメリカ本土を攻撃すれば、住民たちに恐怖を与え戦闘意欲をそぐことができるだろうと考え攻撃を仕掛けることにする。同乗していたドイツ海軍のクラインシュミット大佐（クリストファー・リー）はあまりに危険だと反対するが押し切ってしまう。

標的はサンタバーバラにあるエルウッド石油精製施設。一方アメリカ側でも西海岸では陸軍、海兵隊に日本軍の攻撃に備えよと動員令が発令され、民間人も防衛隊が組織された…。

一見真面目な戦争映画だが、冒頭から「ジョーズ」のパロディーが出て来たりする。演じているのはスーザン・バックリニーという俳優だが、彼女は実際にジョーズでも食べられる役を演じている。

ジョン・ベルーシは「サタデー・ナイト・ライブ」で、マーロン・ブランドがスパゲティを食べるパロディを演じているが、ここでもレストランの客になりやってのけている。

暴動のシーンでは兵士に紛れてジェームズ・カーンがいたり、P―40戦闘機が給油するのがなんと「激突」で使われたガソリンスタンドだったり、M3戦車の愛称「ルル・ベル」が実は競走馬からいただいた名前だったり、ジョークは枚挙にいとまがない。

この失敗に懲りたのか、スピルバーグは「もうパロディ映画は監督しない」と公言した。

ところでこの映画に三船敏郎が出演したのには訳がある。これ以前「スター・ウォーズ」にオビ・

ワン・ケノービ役を依頼されたが、当時はジョージ・ルーカス監督を知らなかったので断ったことがあった。ところがその「スター・ウォーズ」が大ヒット。もし出ていれば、またひとつ勲章が増えたはずだっただろう。そこでルーカスの友人でもあるスピルバーグの依頼ならばと、今度は二つ返事で役を引き受けたのだ。

さらに三船はこの映画に意外な貢献をしている。日本に帰ると海上自衛隊や元潜水艦の艦長を訪ね、伊―19の設計図を借りたり、内部の実際の状態を聞いて、脚本の間違いを訂正させた。だからよくある（前に書いた「パール・ハーバー」のような）「変な日本」を描いたシーンがあまり見られない。功労賞ものではある。また三船が出演したハリウッド作品は、しばしばポール・フリーズという声優が吹き替えをしたが、この作品では英語と日本語の両方を三船がこなしている唯一の映画だ。

史実では米本土を攻撃した日本の潜水艦にドイツの武官は乗っていなかった。

ミッキー・ロークがこの映画でデビューしている。

■半藤一利原作で一般ウケはしたが手抜き批判も

「聯合艦隊司令長官 山本五十六」（2011年、成島出監督）

この作品は人気作家、半藤一利の原作・脚本による文芸作品と位置付けられる。副題に「太平洋戦争70年目の真実」とある。

主演の山本五十六を役所広司が演じて好評だった。実は山本が水まんじゅうや汁粉が大好物だったというあまり知られていないエピソードなども盛り込んで一般的にはウケた。

だが評論家の間ではCGは派手だが、この特撮シーンと生身の人間が出て来るシーンとが別々に浮いてしまってまるで別物。かけ離れた感じがして違和感を禁じ得ない。手抜きではないかと批判する人さえいた。

それには68年に作られた三船敏郎主演の同名の映画と比較されたせいもあるだろう。こちらは実物大の戦艦長門をセットで作りあげるなど、製作側の熱意が伝わる作品だったからだ。

細かい指摘もある。

開戦当時、日本海軍がパールハーバーを奇襲しているシーン。空母赤城の艦橋で南雲司令官たちが戦況を見守っている。

見ると白い二本線の入った帽子を着用している。これは第1種艦内帽というのだが、この線で士官、下士官、兵士を見分けるもの。しかしこの当時はまだその区別が存在していない。これは実際の体験者からの指摘だ。

「ハワイ・マレー沖海戦」（１９４２年製作）という映画ではこれが正しく守られているので見くらべるといいだろう。

人間をしっとりと描いたシーンもある。山本が恩賜の銀時計を妻の禮子（原田美枝子）に渡す場面。それはそれで感動的なのだが、これにも識者からクレームがついた。

本当は愛人の河合千代子に与えていることが分かっているのだ。愛人がいたからと言って山本の評価が変わるわけではないが、ひょっとすると半藤一利が気を利かせて着色したのではないか、と考えるのはうがちすぎだろうか。

世間的には山本神話とも呼べるほど、山本五十六は最後まで開戦に反対した平和主義者だ、というような聖人論が巷にはあるが、それでは、真珠湾攻撃前すでに奇襲を想定した訓練をしていたことと矛盾するのではないかと言う人がいるのも事実。映画評論家の西村雄一郎は、「過去に山本を演じた三船敏郎や山村聡に比較して沈着冷静な態度を強調しているが、長岡藩士の血を継ぐ侍として意識を持っている」と評価もしている。

また海軍省軍務局長・井上成美役の柳葉敏郎が強硬に日独伊三国同盟に反対するシーンがことさら強調されているが、これも海軍善玉論を念頭に置いているせいだろう。

それはさておき劇中で距離をいうのに「○○海里」と指示しているのだが、昔も今も距離は世界標準で「マイル」で示すことになっている。

それから空母飛龍が沈没する時、山口司令官（阿部寛）が艦と運命を共にするのだが、事実は艦長の加来止男大佐も一緒に亡くなっている。それが描かれていない。これでは加来大佐が可哀想だろう。

史実に忠実に従ったというが、ことほど左様に半藤の脚本は間違いが多すぎるといわれても仕方あるまい。

終戦時、陸軍の3首脳が話し合い「責任は陸軍が負う」と合意したという。だから一切言い訳をしなかった。それをいいことに海軍は「陸軍に負けなくてよかった」と公言したと伝えられる。米内海軍大臣が戦犯にならなかったのも謎だ。結局阿川弘之らが小説で海軍を礼賛したため、海軍善玉論が定着したというのが真相のようだ。

チョイ役だが、あばれる君が本名で出演している。音楽を小椋佳が担当していて、これは評判がよかった。興行収入は15億3000万円を記録。

❻映画からみたベトナム戦争

■食事は缶詰、夜は監視…戦場さながらの過酷現場

「プラトーン」（1986年、オリバー・ストーン監督）

もはやベトナム戦争は過去のものになった。南ベトナム軍側の死者推定28万5000人、行方不明149万人、北ベトナム軍側にいたっては死者117万7000人を出した悲惨な戦争は、実は米ソの代理戦争だった。そこで、この戦争を描いた数多くの映画から名作と言われる作品をピックアップしてそのトリビアをご紹介しよう。

まずはこの『プラトーン』から。

クリス・テイラー（チャーリー・シーン）は貧困や差別が横行する現実に憤る若者。愛国心から親の反対を押し切って大学を中退するとアメリカ陸軍に志願入隊した。だがベトナムへ送られるとそこで見たものは正義など通用しない世界だった。

新兵の教育を仕切るのは鬼の2等軍曹バーンズ（トム・ベレンジャー）とゴードン・エリアス3等軍曹（ウィレム・デフォー）。

乱暴で強権的なバーンズに対して良心的な心の持ち主エリアスとは水に油、いつも対立していた。

戦闘が激化してバーンズがベトコンではない民間人を射殺したところからその溝は決定的となる。エリアスはバーンズを軍法会議にかけようとするが、戦闘のどさくさを利用して、逆にバーンズはエリアスを撃ち殺してしまう。

クリスはそれを知って仲間に告発をしようと持ち掛けるが誰も同意しない。そんな中、北ベトナム軍の攻勢が始まり部隊は撤退を始める。その混乱のさなか、クリスはバーンズを撃ち殺してしまうのだった——。

この映画はオリバー・ストーン自身がベトナム帰還兵だけに、誤爆やレイプ、麻薬や隊内での殺人など実際に体験した事実を盛り込み、以前に作られたコッポラ監督の「地獄の黙示録」やマイケル・チミノ監督の「ディア・ハンター」でのリアリティーに不満だった監督が全力を投入して作りあげたもの。

600万ドルの予算だったがふたを開けてみれば1億3800万ドルという興行収入をあげて大ヒットを記録。ストーン監督とチャーリー・シーンを一気にスターダムへと押し上げた。

プラトーンというのは軍隊の編成単位で30から60名ほどの小隊を意味する。

当初はチャーリー・シーンの兄、エミリオ・エステベスを主役にする予定だったが、ギャランティーの問題がクリアにならず、キアヌ・リーブスやカイル・マクラクランにも接触したが断られ、弟のチャーリーにお鉢が回ってきたという。冷酷なバーンズ軍曹にはケビン・コスナーの名も挙がっていたそうだ。

さらにこの映画にはガーター・ラナーという通訳兵役でまだ無名だった22歳のジョニー・デップが出演している。最初オファーを受けた時、デップは「無名だから」と辞退したがストーン監督が「きみには大物になる素質があるから」と背を押してくれたそうだ。監督というものにはやはり人を見る先見の明が備わっているのだろう。（一説には主役という話も）戦場ではゲン担ぎで鉄兜に人の名を書く兵がいたが、デップも当時恋人だった女優のシェリリン・フェンの名を書いている。

村を焼き討ちして隊が移動する時に携帯した銃は日本のMGC製モデルガンM16が使われた。撮影はフィリピンのルソン島で全員GIカットにされ、シャワーも認められず、食事は缶詰だけ。夜も実戦さながら交代で監視をやらされたという徹底ぶり。ストーン監督自身も第1中隊少佐役で出ている。

第59回アカデミー賞では監督賞、作品賞、編集賞、録音賞の4部門を獲得。リアリティーがコッポラに勝ったと言えなくもない。

■下品極まりない言葉とシゴキで新兵を訓練

「フルメタル・ジャケット」（1987年、スタンリー・キューブリック監督）

タイトルは銅などで覆った銃弾を意味する。日本語では被甲弾と訳している。

原作はグスタフ・ハスフォードの小説「ショート・タイム」。

全体は2部構成。前半が海兵隊の新兵を訓練する場面が中心。そして後半がベトナムの前線に送られて以降の戦争模様が描かれている。（原作では3部構成でジャングルでの戦闘場面があるが、映画では市街地での戦いまで。）

デイヴィス（マシュー・モディーン）＝通称ジョーカー＝が入隊すると厳しいしごきが待っていた。特に教官のハートマン一等軍曹（R・リー・アーメイ）は下品極まりない言葉の銃弾で新兵たちを罵倒し続ける。そのターゲットになったのは太めで動きの鈍いローレンス（ヴィンセント・ドノフリオ）＝通称ほほえみデブ＝だった。塀を越えられなかったりロープをよじ登れなかったりするたびに制裁が加えられた。いつもかばってくれるエヴァンス（アーリス・ハワード）＝通称カウボーイ＝に助けられ何とかついて行けたが、卒業の日、ついに怒りが爆発、ハートマン軍曹を撃ち殺し、自分も口に銃をくわえるのだった。

ジョーカーは報道班員としてベトナムのダナン海兵隊基地に送られる。しかし上官に目をつけられる。そこでカウボーイと再会し同行することになるが敵が撤退したとの報を受けフエの市街に索敵に行く。そこで敵の狙撃兵に狙われ、カウボーイたちが次々とやられる。ジョーカーは敵のひそむビルの潜入に成功、ようやく仕留めるが狙撃兵は若い女だった。瀕死の彼女が殺してくれと懇願するのでジョーカーがとどめを刺す。

キューブリックは翻訳の監修も自らする。日本版で字幕を担当したのは戸田奈津子だったが、穏当な意訳を見て「もっと直訳でなければだめだ」と言って原田眞人に変えさせた。そのためハートマン軍曹の卑猥な言葉はそのまま直訳されることに。

「メス犬の息子め！」「大声を出せ！　タマ落としたか！」「お前らはまるでそびえたつクソだ」など罵詈雑言のオンパレードになっている。いざ公開されてみるとそれが新鮮と映ったのか、巷では大受けした。考えられないことだが今ならたちまち映倫のチェックが入る事だろう。

教官役のR・リー・アーメイは海兵隊の経験者だったから、最初は役作りの手本として呼ばれた。だがやってもらうとあまりの凄さに圧倒され監督も喜んで、そのまま教官役を演じてもらうことにしたという。しかしその強烈で卑猥、人格さえ否定するような言葉の羅列に、本当にブチ切れた役者もいたというからそのリアルさ加減が分かるというもの。

主人公のジョーカーは最後に殺される予定だった。だが共同監督のマイケル・ハーが反対。「彼はすでに人間性が消失しているのだから不必要だ」と説得、監督も了解した。

日本語吹き替え版もキューブリックの要請で作られたが公開はお蔵入りに。その後幾度かテレビ放送の予定にあがったが結局放送されなかったのは放送禁止用語が多すぎて放送コードに引っかかる恐れがあったのが理由だ。

結局ブルーレイでソフト化されたのは17年になってから。それも偶然未使用のマスターテープを関係者が発見したからというものだから笑える。

訓練キャンプで歌われている「ミリタリー・ケイデンス」という歌のパロディが88年に発売された任天堂の戦争シミュレーション・ゲームのテレビCMとして使われた。

エンドロールに流れるローリングストーンズの「ペイント・イット・ブラック」は戦場を黒く塗りこめるようで印象的。キューブリックの計算が見事にはまっている。

後半の戦闘シーンに登場するチェコスロバキア製のVz58アサルトライフルは実際にベトナム戦争で使われた銃だ。

■スタントなし！ スタローンは4か所骨折

「ランボー」（1982年、テッド・コッチェフ監督）

言わずと知れた「ロッキー」シリーズと並ぶシルベスター・スタローンの代表作。この作品もシリーズ化されていて、「怒りの脱出」（85年）、「怒りのアフガン」（88年）、「最後の戦場」（08年）とあり、一昨年、12年ぶりにシリーズ最新作「ラスト・ブラッド」が公開されたが、ベトナム戦争がらみは最初の2作だけで、あとは舞台がアフガニスタンだったり、ミャンマー、メキシコと変わっている。

そこで本国アメリカでは12億円の中ヒットに終わったシリーズ第1作目に焦点を当ててみようと思う。この作品にはベトナムの戦場での戦闘シーンは出てこない。ではなぜなのかというと、当時ベトナム帰還兵の戦争後遺症という事が大きな社会問題になっていたからだ。

ベトナムから帰還したジョン・ランボーは山奥に暮らす戦友を訪ねるが、すでに亡くなっていた。町に出たランボーの異様な雰囲気に危険を察知した保安官のティーズル（ブライアン・デネヒー）は偏見からナイフを所持していたという理由だけで逮捕した。警察での取り調べでカミソリをあてられたランボーの脳裏にベトナムでの拷問がフラッシュバック。保安官助手たちを叩き伏せ山中に逃走。ヘリで追跡する保安官助手を誤って殺してしまう。

元上官だった国防総省のトラウトマン大佐（リチャード・クレンナ）と州兵がやってくる。ロケット弾まで撃ち込んでランボーを生き埋めにするが、間一髪助かった彼は州兵のトラックとM60機関銃を盗んで反撃に出る。ついに包囲されたランボーに投降を勧める大佐が「戦争は終わった」と言うと「まだ終わっちゃいない」と叫ぶランボー。「戦場では英雄だった男が警備員にさえなれない」と悲しみを訴え泣きじゃくる彼を大佐が抱きかかえて戦いは終わった。

この映画の原作はディヴィッド・マレルの小説「一人だけの軍隊」。当時問題になっていたベトナム帰還兵に対する偏見や心の病がテーマにワーナー・ブラザースが食指を動かし版権を買ったが、主演が決まらず頭を抱えた。

C・イーストウッドにオファーしたが断わられ、ダスティン・ホフマンには「暴力的すぎる」。ジェームズ・ガーナーにいたっては「警官を殺す役なんてごめんだ」とソッポを向かれた。アル・パチーノは逆に「もっと派手にしたい」と提案したので却下されたという。

仕方なく権利をカロルコ・ピクチャーという新興会社に売却したものの、これまた大御所S・マックイーンやJ・トラボルタに打診するも断られてしまった。そこへギャラを下げてもいいからやりたいと手を挙げたのがスタローンだった。

またトラウトマン大佐役にはC・ダグラスを予定していた。原作ではランボーは一人も殺さず、最後にトラウトマン大佐に射殺されることになっている。C・ダグラスがオファーを辞退したのはこの原作通りではないことに異論を唱えたからだと言われている。もし殺されていたら続編はなかったことになる。

ランボーにはモデルがいる。第二次世界大戦で数々の武勲を上げて帰還し、後に「地獄の戦線」(55年)で俳優にもなったオーディ・マーフィがその人。戦争後遺症に悩まされたあげく航空機事故で46歳で亡くなっている。

撮影ではスタローン自身がスタントなしでこなしている。しかしハードなシーンが多く4か所も骨折している。使っているナイフはスタローンが特注したもの。また武器類はFBIやSWATの協力によりすべて本物を使っているが、厳重な保管をしていたにもかかわらず、国際武器密輸組織によって盗まれるという事件まで発生している。

日本では87年公開の「ランボー　地獄の季節」をランボーシリーズと勘違いして見に行ったという笑える話も。もちろんこのランボーは詩人のアルチュール・ランボーのこと。

原作者のマレルはリンゴが好きで「ランボー・アップル」というリンゴからヒントを得たという。ただしファースト・ネームの「ジョン」は映画の脚本が出来てから付けられた。もともとランボーしかなかった名前が一人歩きしたのだ。

■走るシーンはトム・ハンクスの弟が代役で

「フォレスト・ガンプ　一期一会」（1994、ロバート・ゼメキス監督）

ウィンストン・グルーム原作の小説が基になっている。

トム・ハンクス主演。普通の人より知能指数は劣るがピュアな心の青年〝うすのろフォレスト〟が、やがて良い人生を送るというヒューマンドラマ。67年のアカデミー賞で作品賞を受賞している。

特に「人生はチョコレートの箱。開けてみるまでわからない」という劇中のセリフがキャッチコピーに使われ有名になった。

回想シーンから始まる。アラバマの小さな田舎町。フォレスト少年は知能が低いうえ背骨が生まれながらに曲がっているため足に補正器具をつけなければ歩けない。周囲から疎まれスクールバスでは誰も席を譲ってくれない。唯一ジェニーという少女が座らせてくれた。彼女は父親から性的虐待を受けていることを後から知った。学校でも当然いじめの標的に。それは高校でも続いていたが、ある日いじめから必死に逃げると奇蹟が起こった。器具がなくても走れたのだ。しかも快足でアメフトの試合に逃げ込んだため、足の速さをコーチに認められることに。

大学ではアメフトチームで活躍。卒業すると陸軍からスカウトされて入隊する。そこでアフリカ系のブルー（ミケルティ・ウィリアムソン）と親友になる。ストリップ小屋で働いていたジェニー（ロビン・ライト）にはベトナムに行くことを知らせる。そして所属の第9師団は激戦区のメコンデルタへ。そこで待ち伏せにあいブルーは死んでしまう。フォレストもケガを受けるが、治療中に卓球を始めるとメキメキ腕前が上達、帰国するとピンポン外交の主役となり世界大会に出場。その功績でニクソン大統領から激励される。しかしワシントンのホテルで向かいの建物に侵入者を認めて警察に通報。これがウォーターゲート事件とは知らずに。除隊後は漁船で大儲けしてお金をブルーの遺族に渡す。

ジェニーと再会し幸せな2年を過ごすが人生のボタンの掛け違いを気にして彼女は黙って去る。落胆したフォレストはただ走りたくなる。ナイキのスニーカーでついには何往復もアメリカ大陸を横断して走り続ける彼を人々は、平和を願って走る男と賞賛する。そのニュースを知ったジェニーからの手紙で訪ねてゆくと彼女は重い病で、自分の息子がいることを知るのだった――。

ラストシーンで飛ぶ羽根はファーストシーンで本に挟んだ羽根。起承転結の妙か。北野武は、このシーンにかけた巨額の費用で「オレの映画が1本撮れる」と言ったとか。

名前の由来は白人至上主義者のKKK団創設者、ネイサン・ベドフォード・フォレストから採られた。またガンプとはアラバマの方言で「うすのろ」とか「愚か者」を意味する。

ひたすら走り続けるシーンがあるが、実はひんぱんにハンクスの弟が代役として出ている。

ベトナム戦争のシーンはサウスカロライナ州にあるゴルフコースで撮影されている。

最初監督にはテリー・ギリアムやバリー・ソネンフェルトの名も挙がっていたが結局「バック・トゥ・

ザ・フューチャー」などでの実績などが決め手となった。ブルーにはJ・トラボルタという案も。

少年時代のフォレストがスクールバスの中で座ろうとするのを拒否する少年はゼメキス監督の息子で、赤毛の少女はハンクスの実の娘。ミセス・ガンプはサリー・フィールドが演じている。

アメフトの試合場を一直線に走り抜けるシーンの時、ハンクスはインフルエンザにかかっていて走った後はかなり苦しくて、ワンテイクで終わらせたかったよと嘆いていた。このフットボール・チームのモデルは名門アラバマ大学の「クリムゾンタイド」。

劇中に、ジョン・レノンとフォレストが対談し、「イマジン」の作曲のインスピレーションを受けるというシーンがあるがこれは完全に架空のエピソード。

この映画はインドでアーミル・カーン主演のリメイク版が作られ19年に公開されている。

67回アカデミー賞でも作品賞、主演男優賞、監督賞など主要6部門を手にしている。配給収入は38億7000万円だった。

■出演作すべてがオスカー候補、ジョン・カザールの遺作

「ディア・ハンター」

（1978年、マイケル・チミノ監督）

主演はロバート・デ・ニーロ。まずはストーリーから。

ロシア移民のマイケル（デ・ニーロ）、ニック（クリストファー・ウォーケン）、スティーブン（ジョン・サヴェージ）、アクセル（チャック・アスペグレン）、スタン（ジョン・カザール）、ジョン（ジョージ・ズンザ）の6人は休日になると鹿狩りに行く仲間。そのマイケルとニック、スティーブンの3人が激しくなってきたベトナム戦争のために徴兵された。壮行会のどさくさにまぎれてニックがリンダ（メリル・ストリープ）に求婚するというハプニングも。

そして戦場でも3人は行動を共にするが、北ベトナム兵に捕らえられてしまった。そこで敵兵から恐怖のロシアン・ルーレットを強要されるが隙を見て敵を倒し脱出に成功する。

ニックは友軍のヘリに救助されるが、途中スティーブンとマイケルは濁流に落ちてスティーブンは足を折ってしまう。サイゴンの町ではロシアン・ルーレットの賭博がはやっていた。それを見ていたニックは突然銃を頭に当てて引き金を引くが弾は出ず、それを見ていたプレーヤーを勧誘する男と群衆の中に消えた。

両足を失ったスティーブンをマイケルが陸軍病院に慰問に行くとサイゴンから謎の金が送られてく

るという。そこでサイゴンへ飛ぶと、闇賭博の中に薬物で自分を見失っているニックがいた。彼をリンダのもとへ連れ戻すため、マイケルは胴元に大金を払いニックとロシアン・ルーレットをする。しかし弾は残酷にもニックの頭を撃ち抜いてしまう――。ここで描かれるのは戦争によって人格まで破壊されてしまうという悲劇に他ならない。

メリル・ストリープが出演しているが、これは彼女が出ていた舞台チェーホフの「桜の園」の演技を見たデ・ニーロが強力に推薦したからだという。リリアン・ヘルマン原作の「ジュリア」（1977年10月公開）が彼女のデビュー作となっているが、こちらの撮影が始まったのが77年の6月だから実はこちらの方が本当の初出演なのだ。

またスタン役のジョン・カザールは以前ストリープと恋人の関係だった。そしてこの映画の撮影当時、ガンに冒されていて、製作サイドは降板をすすめた。ところがチミノ監督やデ・ニーロ、ストリープらが、ジョンを降ろすなら自分も降りると言って降板を取りやめさせた。それほど彼の演技を買っていたのだろう。彼が出演した生涯5本の作品すべてがアカデミー賞にノミネートされ、うち3本が作品賞を取っているから快挙だ。しかし本作の公開を見ることなくこの年の3月亡き人に。これがジョン・カザールの遺作となった。

クリストファー・ウォーケンは病的にやせ細った半狂人を演じるために1週間お米とバナナと水だけで過ごしたそうだ。

スティーブン役はロイ・シャイダーに決まっていたが個人的な理由でクランクイン2週間前に降板したため急きょジョン・サヴェージに交代した。

面白いのはアクセル役のアスペグレンだ。彼はシカゴの製鉄所で現場監督として働いているところを、たまたま近くを通りかかったチミノ監督に気に入られてやることになった。素人を使うことはリスクを伴うが、時にはそれが功を奏することもあるという見本だ。

ジョン役のジョージ・ズンザは劇中でピアノを弾くシーンがあるが、ショパンのノクターン6番を吹き替えなしにそのまま使用したというから凄いプロ級の腕前だったことになる。

テーマ音楽の「カヴァティーナ」はジョン・ウイリアムズが弾いているギター。これは映画「サンダーボルト」に使う予定だったところ、監督のC・イーストウッドが合わないと却下。そのためこちらで使用することに。これも不思議な縁と言える。

スリルを感じる映画ベスト100の30位にランクされている。51回アカデミー賞では作品賞など5部門を受賞。

■トラブル続きでぶっ倒れたコッポラ監督

「地獄の黙示録」（1979年、フランシス・フォード・コッポラ監督）

原作はジョゼフ・コンラッドの「闇の中」という小説だが舞台の設定をベトナムに変更している。キネマ旬報社の調べによると、22億5000万円という興行収入を挙げ大ヒットを記録した。

1969年のベトナム。戦争は末期。陸軍空挺部隊の将校、ベンジャミン・ウィラード大尉（マーティン・シーン）はそれまでMACV―SOGという組織の一員としてCIAから指示された秘密作戦に従事し数々の要人暗殺を行っていた。そのウィラードに秘密指令が下された。それは、元グリーンベレーのカーツ大佐（マーロン・ブランド）を暗殺せよというものだった。カーツは軍務を無視して暴走、カンボジアの密林に私兵を集め、独自の王国を作っているという。こうしてウィラードは妻と離婚して再びベトナムに戻ってくる。

戦地ではサーフィン好きのキルゴア中佐（ロバート・デュバル）率いる部隊が、サーフィンができる海を確保するためだけに敵の前哨基地を攻撃したり、クスリにうつつをぬかす兵隊、本国からプレイメイトの美女をヘリで呼んで舞台で踊らせるなど狂気の沙汰を目撃。

彼らに背を向けたウィラード大尉は海軍の哨戒艇に乗り込むとカーツ大佐一味の根城へ向かうべく川を上ってゆく。しかし途中、ベトコンの待ち伏せにあい弓矢で攻撃され仲間を幾人も失う。ようやくカーツ大佐の王国にたどり着くと大尉は拘束される。その間、大佐の哲学や人生論を吹き込まれ、いつか大佐の思考に毒され動揺する。が、水牛の祭りの夜、ついに暗殺指令を全うするのだった——。日本では80年に公開され、翌81年には監督自身が再編集した「特別完全版」が上映されている。また公開40周年を記念して、トライベッカ映画祭で「ファイナル・カット版」が上映されたが公開されたのはアメリカ本土だけだった。

そもそもこの小説の映画化を計画していたのはまだ南カリフォルニア大学に在学中だったジョージ・ルーカスだった。しかしベトナム戦争の激化で企画が空中分解したため、権利をコッポラに譲ったもの。

コッポラ監督は撮影の合間に三島由紀夫の小説を読んで構想を膨らませていたそうだ。原題は「Apocalypse New」というのだが、なぜ「黙示録」なのかと言うと、劇の中でT・S・エリオットやジェームズ・フレイザーの詩をちりばめ神話的に引用しているからだ。

音楽は当初シンセサイザーの冨田勲に頼む予定だったが契約の関係で実現せず、仕方なく監督の父親、カーマイン・コッポラが担当することになった。

ウィラード大尉役はハーヴェイ・カイテルで撮影していたが2週間ほどたって契約上のトラブルが発生。コッポラの妻エレノアの証言によればラッシュをみていた監督がダメ出ししたという。この一件以来、カイテルはハリウッドから干されることとなった。

一時はハリソン・フォードの名も挙がったが「スターウォーズ」の撮影の関係から断念。それでもルーカス大佐役でカメオ出演している。

撮影はトラブル続きだった。フィリピンにセットを作って撮影を始めたところ台風が来襲してセットが吹き飛ばされてしまった。その上現地ではゲリラの活動が活発化、軍のヘリが哨戒にあたるなど、本物の戦場さながら。3月5日にはマーティン・シーンが心臓の発作で倒れ撮影が長期にわたりストップという予期せぬトラブルも発生。

さらには報道写真家役のデニス・ホッパーはクスリ漬けでろくにセリフが覚えられず、体から匂うクスリの匂いを嫌ったマーロン・ブランドが共演を拒否。おまけにスタッフまでもがクスリに手を出す始末。心労でコッポラ自身が倒れてしまった。

こうして予定では16週間で終わる撮影がなんと61週に。製作費も膨れ上がり監督自身が身銭を切らねばならなかった。カンヌ映画祭でも評価は賛否両論だったが大ヒットで製作費が回収されたことはめでたいといわねばならない。

ただ、後年、この映画のリアリティーに批判的だったオリバー・ストーン監督が「プラトーン」を生むきっかけを作った作品と言えよう。

■モデルとなった人物の罪悪感を演じたT・クルーズ

「7月4日に生まれて」（1989年、オリバー・ストーン監督）

オリバー・ストーン監督はこの前年「プラトーン」の大ヒットで一躍一流監督の仲間入りを果たした。しかしこの作品は批判も多く、ロサンゼルスタイムスなどは「過剰な殺伐シーンが多く、弱い者いじめや誇張に耐えられない。プラトーンのあの感性はどこに行ったのか」とピシャリ。

ワシントンポストも同様に「非理性的で共感できない」と書いた。しかし後に開設された映画評論サイトのロッテントマトによれば90パーセントが好感を表明している。62回アカデミー賞では監督賞と編集賞を、ゴールデン・グローブ賞では監督賞とトム・クルーズが主演男優賞を受賞している。

日本では14億7000万円の配給収入を記録、おおむね一般には受けがよかったようだ。

原作はロン・コーヴィックによる同名の自伝的小説。

7月4日、ロン・コーヴィック少年はごく普通の家庭にごく普通の子供として生まれた。くしくもこの日はアメリカ合衆国の独立記念日。ジョン・F・ケネディ大統領が傷痍軍人を前に演説しているのをテレビで見たロン（クルーズ）は、自己犠牲の精神を知った。高校の時、キューバ危機などから愛国心が芽生え友人らが引き留めるのも聞かず卒業と同時に海兵隊に志願する。そして両親が安全な任地を希望しているにもかかわらずベトナム行きが決まった。

1967年、最前線は地獄だった。ロンは軍曹として部下を率いて従軍した。しかしベトナム人の女子供を誤って殺し気が動転。そこへ敵の一大攻勢がありパニックを起こし部下のウィルソンまで殺してしまう。それを正直に上官に申告するが不問に付される。続く戦闘でロンは銃弾で倒れる。ニューヨークの病院。半身不随になったロンだが帰国しても英雄扱いされるどころか非難の声ばかり、しかも満足な治療も受けられず絶望の日々。ようやく実家に戻れたものの独立記念日の式典では、戦争の記憶がフラッシュバックし満足なスピーチもできなかった。恋人のドナ（キーラ・セジウィック）に再会すると彼女は反戦デモを支持していることを知る。そのデモ隊が弾圧されるのを見てこの戦争は間違っていたと思うようになる。

酒浸りの日が続いたある日、父からすすめられウィルソン一家に行き誤射を打ち明けるとようやく肩の荷が下りた。車椅子で反戦運動に加わりデモ行進する。ニクソン大統領再選反対のために「北爆を中止しろ」とシュプレヒコールするのだった——。

トム・クルーズが役作りのため1年間、車椅子で暮らしたことは話題になった。こういった役作りのために何かするのをデ・ニーロ・アプローチというのだがトムはおでこの前髪を抜いてテカらせたそうだ。もちろんロンとは何度も会って話しあったという。

公開キャンペーンの時、ロン・コーヴィック自身が来日、インタビューを受けているが、劇中のトムとあまりに似ていることに映画会社の宣伝担当も驚いたという逸話がある。

映画ではロンが誤って撃ち殺してしまったウィルソンの家族が住むメキシコへ事実を告白しにゆくことになっているが、実際は遺族を訪問してはいない。ストーン監督が謝罪に行くストーリーに変えたのは「本を書いている男を映像化しても劇的さに欠けるからだ」と説明している。つまり著書の中では度々自殺をほのめかしている。その罪悪感から解放するために劇中で実現させたと言える。それにしてもウィルソンの妻が告白を聞いて「私は貴方を赦さないけれど、きっと神様は赦して下さるわ」というシーンはまさに感動もの。

トムがベトナムの戦場でしていた腕時計はタイメックス製で実際アメリカ軍が採用していたものだが、映画でトムの使っていた「サファリ」という時計はこの時まだ発売されていない。

メインテーマはジョン・ウイリアムズが担当。スコアが美しいと好評だった。

それにしても昨年はまた新作「トップガン／マーヴェリック」で世界中を沸かせたトム。「ミッション・インポッシブル」シリーズでもケタはずれの身体能力をみせつけスタントなしの離れ技をやってのける。すっかりアクションスターだが、彼はそれだけではない、きちんと人間の内面を演じることができる希有な俳優だということを証明している。

■豪州軍が最前線で戦った事実は知られていない

「デンジャー・クロース　極限着弾」

（2019年、クリフ・ステンダース監督）

最終回の今回はちょっと変わった作品を紹介する。

ベトナム戦争をテーマにした映画は、これまでも「グリーン・ベレー」（1968）、「ローリング・サンダー」（1977）、「グッドモーニング・ベトナム」（1987）、「ハンバーガー・ヒル」（1987）、「ワンス・アンド・フォーエバー」（2002）、「ペンタゴン・ペーパーズ」（2017）など、書き出せばきりがないほどたくさんあるが、この作品は最も新しい。

だがアメリカの軍事同盟国であるオーストラリア軍が最前線で戦った事実はあまり知られていない。しかもこの映画は実際に起こった「ロングタンの戦い」を描いたものだが、その功績を讃えられることもなく50年もの間歴史の闇に埋もれていた。

1966年8月、南ベトナム・ヌイダット地区に陣地を構えていたオーストラリア軍が突然砲撃の奇襲攻撃を受ける。翌朝ハリー・スミス少佐（トラヴィス・フィメル）は土砂降りの雨の中、D中隊を率いて敵の位置を調べるために索敵に出る。隊は寄せ集め、しかも経験の浅い若者ばかりで士気があがらない。

108人の中隊は3つの小隊に分かれてロングタンのゴム林に差し掛かった。すると第11小隊が敵と遭遇。敵が退散したのを見て罠とも知らずに安心、さらに前進すると四方八方からベトコンが襲ってきた。死も恐れず次々に突撃してくる２０００人のベトコン兵に28人の兵士は半数がたちまち撃たれてしまう。救援部隊を要請するが味方は近づけない。弾薬も尽き欠けこのままでは全滅だと判断した少佐は決断する。それは味方陣地の砲兵部隊に至近距離の砲撃を要請するというもの。しかしそれは着弾地点が少しでも狂えば味方が全滅することを意味していた。

基地司令部では応援の戦車隊を出撃させるべく用意していたが小隊の全滅まで時間がない。大隊長コリン・タウンゼント中佐（アンソニー・ヘイズ）は砲撃を渋るジャクソン准将（リチャード・ロクスバーグ）を説き伏せついに至近距離での砲撃を許可する——。

この3時間半の戦いでオーストラリア軍は18人が死亡、24人が重軽傷を負った。もちろんオーストラリア軍の戦史史上最大の損失だった。

オーストラリア軍は51年にアメリカと太平洋安全保障条約を結んでいたのでベトナムに軍を送った。映画「ワンス・アンド・フォーエバー」で描かれたイア・ドラン渓谷での戦いが契機になった。結局のべ５万人が従軍し約４５０人が戦死、２４００人が負傷している。

戦いのあとの調査では敵兵２４５人の戦死者を確認している。この映画はそうした史実を忠実に守り、「地獄の黙示録」や「プラトーン」とは一線を画しているというのが現在の評価だ。日本ではコロナ禍の影響もあって公開が２０２０年6月にずれ込んだ。

この映画製作が実現したのは偶然だった。プロデューサーのマーティン・ウォルシュが陸軍予備役に属していたころ偶然勧められて読んだレックス・マコーレーの著書「ロングタンの戦い」で、何も知らなかった自分に腹が立った。以来自分が作らねば誰がやるんだと考え続けていたという。

主演のトラヴィス・フィメルはメルボルンのプロフットボールチームでプレーしたがケガで引退。スカウトされてカルバン・クラインの下着モデルなどをつとめた後俳優に転向している。

撮影はすべてオーストラリア国内で行った。そのため生えている樹が違うという批評家もいたが仕方ないところだろう。

「バニシング'72」のトラヴィス・フィメルや「リトル・モンスターズ」のアレクサンダー・イングランドといった若手俳優と古参俳優が共演しているアメリカ目線ではない映画という点で珍しいものと言えよう。

オーストラリアとニュージーランドの兵士の愛称は「ディガーの精神」。上官の意見より互いに助け合う精神を重んじることを意味する。旧日本軍とはえらい違いだ。

❼戦慄、衝撃、リアルな実録映画事件簿

■この縁で高橋伴明と関根恵子が結ばれた

「TATTOO［刺青］あり」（1982年、高橋伴明監督）

1979年1月26日、大阪・住吉区の三菱銀行北畠支店に猟銃を持った梅川昭美が侵入して5000万円を要求、警察官2人を含む4人を殺害するという衝撃的な凶悪事件が起きた。ご記憶の方も多いと思うが、30人以上を人質にとり女性を全裸にしてカウンターの前に並べ警察の盾にした。

映画にはこうした実際にあった事件を基にしたものが多数存在する。今回はその作品とトリビアを紹介しよう。

まず『TATTOO［刺青］あり』（ATG配給）から。

この映画はこれまで50数本のロマンポルノで名を馳せた高橋伴明監督が、初めて一般映画にチャレンジした記念碑的作品。しかもプロデューサーが井筒和幸というからちょっと驚く。高橋は若干33歳、井筒は30歳。若きふたりの才能がこの1本で開花したわけだ。

ただ出演者には資金がなかったのでロマンポルノ並みの出演料で我慢して欲しいとお願いして出てもらったと、後に井筒和幸自身が語っている。

映画のストーリーは、犯人の梅川が犯した事件をそっくりなぞったというわけではなく、かなり創作が入っている。

例えば1978年に日本最大の暴力団・山口組のドン、田岡一雄組長を、京都のナイトクラブ「ベラミ」で狙撃した松田組系大日本正義団組員・鳴海清の愛人が、なんとこの立てこもり犯・梅川昭美の愛人でもあったという仰天事実が判明した。これをヒントに鳴海清を思わせるヤクザを登場させたりもしている（実際の鳴海は後に山口組に惨殺されている）。

射殺された犯人・竹田を検視官がボタンの刺青を見て報告するシーンがタイトルのいわれになっている。——少年院出の竹田明夫は20歳になり考えた。30歳までにはなにか大きなことをやってやろうと。取りあえずはパンチパーマをかけ、刺青を胸に入れてみた。それは自分を大きく見せる意味があった。だがましな仕事につけるわけもなくキャバレーのボーイに。そこで目を付けたのがナンバーワンホステスの三千代だった。強引に口説いて同棲を始めるが、三千代は竹田の性格に愛想をつかして鳴海のもとへ逃げてしまう…。

主役の竹田はミュージシャンの宇崎竜童、ヒロインの三千代は関根恵子（後の高橋恵子）。この映画で知り合った縁で高橋伴明監督と関根恵子が結ばれている。これには美談がある。

当時関根恵子は父親からDVを受けていて、北海道から逃げてきたということは、当時の記者仲間の間では暗黙の了解事項だったが、どのスポーツ紙も紳士協定としてゴシップ記事にはしなかった。

高橋監督は関根を追ってきた父親から彼女をかくまった。関根にとって高橋監督は〝白馬の王子様〟になった。結婚式では大島渚と小島明子夫妻が仲人を務めた。

この前年（81年）、関根は日活ロマンポルノ10周年記念の大作「ラブレター」に主演、中村嘉葎雄とのからみが大評判となった。興行収入記録を更新するほどの大ヒットで各社からひっ張りだこ。その実績もあって、この映画は当初東京1館の公開予定が拡大ロードショーに。

主題歌は内田裕也&トルーマンカポーティーロックンロールバンドが歌う「雨の殺人者」だが、もちろん作曲は宇崎竜童だった。

ちなみに第4回ヨコハマ映画祭で監督賞と主演男優賞を受賞している。

戦後犯人を射殺して事件が解決したのは1970年に起きた瀬戸内シージャック事件、1977年の長崎バスジャック事件、そしてこの事件と3件あるが、この「三菱銀行北畑事件」以降40年以上起きていない。

三菱銀行はその後2度の合併があったが、事件の現場「北畑支店」は改装こそされたものの建物は現在も「三菱UFJ銀行北畑支店」として現存している。

■狼は生きろ、豚は死ね！衝撃のキャッチコピー

「白昼の死角」（1979年、村川透監督）

今回は高木彬光のベストセラー小説『白昼の死角』をベースに撮った映画だ。1959年から翌年にかけて「週刊スリラー」に連載されたピカレスクロマン「黄金の死角」が基になっており読者には大好評だった。

なんといっても記憶に残るのは、斬新なキャッチコピーだろう。

「狼は生きろ、豚は死ね！」

実はこれ、60年に劇団四季が上演した石原慎太郎の戯曲「狼生きろ豚は死ね」を引用したもののようだ。

この事件はいわゆる「光クラブ事件」と呼ばれる実在の詐欺事件。これは戦後帰国した悪知恵の働く学生たちが法律の隙をかいくぐり手形詐欺を計画、たくさんの人をだまして不幸のどん底に落とした事件のこと。154分という長尺にもかかわらずヒットした。

ストーリーの前半は実際にあった事件をなぞるが、後半は高木彬光の創作に頼っている。

角川春樹事務所の作品のように思われているが、実際は角川春樹を東映がプロデューサーとして招聘して製作したもの。

映画はこうだ。戦後、鶴岡ら東大生アウトローたちは一計を案じ学生金融で一儲けをたくらむ。太陽クラブという会社を立ち上げこれが成功する。

映画ではのっけからびっくりのシーンがある。小説では最後の方に現われる、詐欺グループの一味、社長・隅田光一役の岸田森が闇金融に失敗しシャンソン「パリの屋根の下」を口ずさみながら焼身自殺を図るという場面が出て来る。奇をてらった演出だ。岸田は吹き替えなしで本物の炎に包まれ、しかも長回わし。凄絶なシーンとなった。

こうして一度はつまずいた鶴岡だったが、今度は六甲商事を設立、次々と企業から金を巻き上げ大儲け。しかしまた東京地検の福永検事（天知茂）から目をつけられ…。

主役の鶴岡七郎を夏木勲が演じている。夏木は66年にデビューし最初は夏八木だったが、78年から84年までは夏木の芸名で通した。一説によると「野性の証明」（78年）の時に角川春樹事務所から「八は縁起が悪いので取るように」といわれ改名したそうだ。だがその後角川と縁が切れ（?）、再び夏八木に戻したという経緯がある。

当初は渡哲也とか松方弘樹の名も挙がっていたが、松方は仁科明子との不倫問題でマスコミの餌になっていた時期だったので無理があったのだろう。

音楽は宇崎竜童率いるダウン・タウン・ブギウギ・バンドの「欲望の町」。この成功で?宇崎は「TATTOO［刺青］あり」（82年）でも出演と主題歌のオファーを受けている。

面白いのは原作者の高木彬光がちゃっかり出演していることだが、その役もふざけている。この詐欺グループの会社に就職希望で来る人という設定。おまけに応募してきたが面接で年を食っているので課長がいいか…と、思いきやこの人、小指がない。それじゃまずいでしょというわけで不採用に。なんとも遊び心でポンコツ役のカメオ出演かよ。

作者の高木は記者会見で「小説家になって30年以上になりますが、こんな悪党を書いたことはない。映画になり嬉しいです」と語っていた。

村川監督も「これまで3000万円のものしか撮ってこなかったので製作費7億円はケタが違いすぎて実感がわかない」と喜びの弁。

この作品はよほどファンの食いつきがいいのか、テレビドラマに何度もなっている。

ちなみに1963年に木村功主演で。さらに同じ年の79年8月のテレビ版では渡瀬恒彦が主犯の鶴岡役を演じている。この時の主題歌はなんと映画版と同じ「欲望の町」を使用している。それだけインパクトがあったという証拠だろう。今でもファンが多いと聞く。

さらに映画版・福永検事役の天知茂と五十畑専務役の田崎潤も79年のテレビドラマ版で同じ役を演じているというのが面白い。いずれにしろギラギラした昭和の臭いがプンプンする作品だった。

■映画化権をめぐり5年越しの大トラブル

「復讐するは我にあり」（1979年、今村昌平監督）

タイトルになった「復讐するは我にあり」は新約聖書ローマ人への手紙第12章19節に出てくる「愛するものよ、自ら復讐するな。ただ神の怒りに任せまつれ。しるして〈主いい給う。復讐するは我にあり、我これを報いん〉」にちなむ。

原作は、犯人・西口彰が5人を殺した事件を佐木隆三が実録小説として出版、第74回の直木賞を受賞したもの。今村昌平監督により1979年に松竹で映画化され日本アカデミー賞、ブルーリボン賞などを総なめ。大きな話題となった。

物語は昭和38年、稀代の詐欺師、榎津巌（緒形拳）は専売公社の集金人2人を殺害してお金を奪うが事件は発覚、指名手配される。実家は父（三國連太郎）が経営する旅館で年老いた母と、父に従う妻の加津子（倍賞美津子）が暮しているが、榎津は父と妻の関係を疑っていた。裁判所では弁護士を装い保釈金をだましとり、老弁護士も殺してしまう。浜松の旅館では大学教授を装い女将ハル（小川真由美）をたらしこむ。だがニュースで榎津の正体がばれ、ハルとその母親も殺して逃亡する。

この作品は映画化権の段階から大きなトラブルがあった。

最初に動いたのは監督の黒木和雄で佐木隆三から口約束をもらったというが、その後も深作欣二、藤田敏八といった大物監督たちが同様の主張をした。トンビに油揚げではないがそのすきに今村昌平がちゃっかり正式に契約してしまったから当然彼らはカンカンに怒った。

東映のプロデューサー日下部五朗は、社長の岡田茂から「もう実録もののような暗い話は当たらない。そんな原作はどこかに売却しろ！」と怒鳴られたと「わが映画稼業繁盛記」（03）で語っている。深作監督作はこれで吹き飛んだらしい。

他にも大映の徳間社長や東宝のプロデューサーも映画化権争奪戦に加わっていたというから裏側から見れば凄い争奪戦争だったわけだ。

藤田監督が訴訟する動きもあり、佐木はやむなく今村プロとの契約を白紙撤回するという念書を書いた。ところがこれを今村側は効力がないとはねつけた。結局佐木隆三の別の作品（「海燕ジョーの奇跡」）を藤田監督が映画化するということで折り合いが付き、この問題が解決したのは1983年になったからだった。

後年筒井康隆や畑正憲は「口約束だけの風習が残る前時代的な映画界にも問題があるのでは」と苦言を呈している。

当時今村プロダクションは2000万円の借金を抱え苦境に立っていたが、この作品が6億円を稼ぎ出し、救いの神となった。

黒木監督は原田芳雄を主演として考えていたし、窓口だった講談社の発表では野坂昭如が主演に立候補していたというが、実現していれば一味違った殺人犯になっていただろう。

今村監督は最初渥美清を考えていたが、渥美に「寅さんのイメージは壊せない」と断られたそうだ。後に緒形拳で正解だったと語っている。

こうしてマスコミから鬼畜といわれた西口だが、この事件は動機が不明だったため捜査が混乱しなかなか捕まえられなかった。1963年10月18日、福岡の山道で専売公社の職員を刺殺、2キロ先で運転手を絞殺したのが始まりだが、6日後に瀬戸内海の連絡船で遺書を残して身投げした上着が見つかる。だがこれは偽装と警察も見抜いた。しかしその後78日間に及ぶ逃亡劇は意外な結末で幕を閉じることになった。

西口は隠れキリシタンで有名な長崎の生まれで、5歳で洗礼を受けている。熊本の教誨師の家に弁護士を騙って訪れたが、11歳の娘に見破られ逮捕につながった。警察は「12万人の警察官の目は1人の少女の目にかなわなかった」という談話を残している。

これがきっかけで「広域重要事件特別捜査要項」を設定、以後、各都道府県警が協力するという体制ができたのだ。

■スタッフもぼやいた不眠不休の新聞社作り

「クライマーズ・ハイ」(2008年、原田眞人監督)

いわずと知れた1985年に起きた日本航空123便墜落事故が題材となっている。横山秀夫が自身の上毛新聞記者時代の体験を巧みに取り入れた、ノンフィクションのような小説が原作。

タイトルになった「クライマーズ・ハイ」とは、登山者が興奮状態に陥ると恐怖感がマヒしてなくなることをいう。

群馬県の地方紙である北関東新聞の社会部記者・悠木和雅(堤真一)は社内で登ろう会という登山の親睦サークルに入っていた。

1985年8月12日、悠木は仲の良い安西(高嶋政宏)らと谷川岳に登る予定だった。その前日社会部の佐山(堺雅人)が「日航ジャンボ機が行方不明になった」と知らせてきた。

悠木を買っている編集局長の粕谷(中村育二)は彼を日航機全権デスクに任命する。しかし社内にはそれを快く思わない派閥があってそれを潰しにかかるのだった…。

作者が当時上毛新聞の記者だっただけに社内の混乱ぶり、内部のドロドロした人間関係がよく描けている。ただのディストピア映画にとどまらない屈折した面白さ臨場感が秀逸なのはそのせいだろう。

例えば壮絶な事故現場を見て気がおかしくなってしまう滝藤賢一のシーンは凄さが伝わってくる。

この映画には事故がテーマなのか人間を描こうとしたのか判らない、という意見もたくさんあった。実際原田監督は「どれだけキャラクターの存在感をたかめられるかにこだわった」と語っている。だからエキストラで済むような場面。バックで本筋とは別の行動をしている役者にも、聴こえなくてもすべてちゃんとセリフをしゃべらせたそうだ。

男たちが足の引っ張り合いで醜い内輪もめをしている場面にあきれていた女性記者の玉置千鶴子(尾野真千子)。政治部デスクの岸（田口トモロヲ）の言葉に割って入るシーン。

岸「男の嫉妬はあさましいってことさ」

玉置「やり方が汚ねェ」

岸「お前、顔の割に言葉が雑だな」

玉置「顔が雑な方がよかったですか？」

尾野真千子の顔と言葉のギャップの面白さが現われている。これが監督の計算だったようだ。

墜落現場となった御巣鷹山は群馬県高崎市にある倉渕ダムの残土置き場の斜面を利用して作られた。

劇映画の中で実際のニュース映像が使用されているが池上彰が映っているのが分かる。空撮映像もちゃんとＮＨＫの了承を受けて使用している。

「ジャンボ機が墜落」の第一報が共同通信から社内に流れる場面では、あまりの臨場感にみんな身震いしたそうだ。

新聞社は高崎市内にある9階建てのビルを借りて、200平米のフロアを大道具、小道具、美術らスタッフが不眠不休の突貫工事で改装したという。美術スタッフは「こんなしんどい仕事は初めてだ」とぼやきまくりだったという。

第32回日本アカデミー賞ほか、その年の賞を総なめしている。

この原作もテレビドラマ版がある。2005年にNHKが放送したもので、こちらは主役の悠木を佐藤浩市が演じているが、玉置の役は省かれている。

当時県警担当記者だった横山秀夫は事件現場へ10時間かけて急斜面を登った。遺体の収容を取材していながら自分は運ばなくていいのかと、無力感に陥ったという。死者520人、航空機最大の事故であった。

余談だが筆者も新聞社の編集局記者を経験したので、その部署ごとの利害や対立の描き方のリアルさには感心した。特に締め切り時間になると怒号が飛びかい戦争さながら。印刷との兼ね合いから、編集・広告・販売各局が対立したものだった。

■シリアスな役にこだわり首を吊った古尾谷の非業の死

「丑三つの村」（1983年、田中登監督）

1938年に岡山県の山深い西加茂村で起きた惨殺事件。いわゆる津山30人殺しがベースになっている。

この映画の原作は1981年に西村望が書いたノンフィクション小説だが、それ以前、言わずと知れた横溝正史の小説でも有名になった「八つ墓村」（映画化は1977年、野村芳太郎監督）の基になった事件としても有名。鉢巻きに何本ものろうそくをはさみ、日本刀を振りかざし次々と民家を襲う殺人鬼が返り血を浴びて血だらけになった姿は映画史に残る場面だ。

実際の事件の概要はこうだ。犯人の都井睦雄は村の裕福な家で生まれた。徴兵検査を受けたが結核と診断され不合格となった。それまで村の中で幾人もの女性と関係を持っていたが、結核（当時は不治の病だった）の噂が広がり女性たちから拒否され、村八分になる。それを逆恨みした都井は猟銃と日本刀を用意。村を〝自分の狩り場〟にするべく実行に移す。

5月21日未明、事件当夜。都井は、まず邪魔な祖母を殺す。それから村の送電線を切断し、家々を次々に襲い、2時間足らずの間に30名を殺害し重傷者3名を出したもの。都井は事件後自殺しているため被疑者死亡で不起訴になっている。

さて映画「丑三つの村」に戻ろう。犯人の犬丸継男役は古尾谷雅人が演じている。松竹富士の配給で公開されたが「全編を通して、非道できわめて残虐的」だとして映倫からR―15（成人映画）に指定されてしまった。

「まあ皆さま、今に見ておれでございますよ」という鬼気迫る古尾谷のセリフがゾクゾックと背筋を寒くさせたものだ。

30人を殺すのだから極めて残虐な場面が多いのは当然だが、R―15指定になったのはそれだけではない。地方には夜這いという風習が各地に残っていた。当然男と女がむつみあうシーンが相当あるわけだ。ここでも女性陣が官能性たっぷりに演じている。

特に巷では「池波志乃のオッパイが拝めるらしい」と話題になったくらいだ。他にも田中美佐子や五月みどりのヌードも拝める。田中美佐子はデビュー作「ダイアモンドは傷つかない」ですでに裸を披露していたが、この映画での若々しいヌードはとりわけ評判だったようだ。大場久美子だけが拒否（？）して脱がなかった。「週刊アサヒ芸能」（2012年6月号）では「熟裸身を堪能する映画ベスト10」に選ばれている。

映画はVHSビデオとして発売されたものの、後に一時廃版とされた。2009年になってDVDセル、ブルーレイで再発売に。

村のオープンセットは「八つ墓村」で使ったセットをそのまま使用した。だから両方の作品を見比べてみるのも一興だろう。

それはともあれ、この役と同様に古尾谷は2003年3月に首を吊って非業の死を遂げている。未亡人の鹿沼絵里によれば、シリアスな役にこだわり、硬派な役が減って苦しんでいたと語る。

「撮影が終わって帰ってくると、今日は何人殺ったぜと満足そうに言うんです。私にしてみたら、お腹に赤ちゃんがいるのに、って思いました。彼にとってはあの現場が青春そのものだったのでしょう」

大場久美子の口に銃をくわえさせて発砲するシーンがある。彼はいつも本気で殺してやるという気持ちでやっていたとも。だから撮影後に「大場さんの口をけがさせちゃったよ」と気にしていたこともあった。役者魂ここにありだ。

また生前この映画のリメイクを息子（高藤疾土《はやと》）の主演でやらせたかったと語っていたという。その高藤も「オヤジの監督でやりたかったな」と悔しがっている。

人を殺しに行くには不釣り合いなバックに流れる電子音には違和感が。これは日本を代表する作曲家でキーボード奏者の笹路正徳が担当。松田聖子やプリンセス・プリンセス、コブクロなど有名アーティストをプロデュースしているからご存知の方も多いはず。

❽ 独断と偏見による10本の傑作選

それぞれ人間には好みというものがある。したがって好きな映画、嫌いな監督といった好みが現れるのは仕方がないことだ。だが、そういった好みを越えてなお全人に好まれる傑作というものがあることも事実だ。

そこで私がこれまで観てきた作品の中から独断と偏見で選んだ映画を紹介しようと思う。独断と偏見が、そうでないことを祈る。

まず強烈な記憶に残る作品がある。私は青年時代、映画が嫌いだった。もちろん石原裕次郎や若大将こと加山雄三の映画は友人と見に行った。だが青空が一杯広がる天気の日に、なんで好んで真っ暗な場所に入らなけりゃいけないんだと、若者特有の反抗心から勝手に反発していたのだ。

だがテレビの洋画劇場で、ある1本の映画を観てたちまちそんな考えは捨てた。強烈に心を揺さぶられたからだ。以来手のひらを反すように映画館に足を運ぶようになった。それがこれだ。

フランス映画 **「シベールの日曜日」**（1962年、セルジュ・ブールギニョン監督）

物語をかいつまんで話そう。

元空軍のパイロットだったピエール（ハーディ・クリューガー）は、戦闘で負傷し記憶喪失になった。一方親に捨てられて孤児となり修道院で暮らすフランソワーズ（パトリシア・ゴッジ）。偶然出会った2人はやがて父と子のように親しくなる。だが周囲の目にはピエールが不審者と映った。そして誤解からピエールは射殺されてしまう。

原作はベルナール・エシャスリオーの「ビル・ダヴレイの日曜日」という短編小説だが、セルジュ・ブールギニョンは典型的な脚本家との二足のワラジを履く監督で脚本も担当した。

この映画がデビュー作だが同年の米アカデミー外国語映画賞を受賞、またヴェネチア国際映画祭でも特別表彰された。

それまではジャン・ピエール・メルヴィル監督によるジャン・コクトーの名作「恐るべき子供たち」の助監督などを務めていた。

日本とも関係が深く85年の日仏合作「17歳／Seventeen」で「瀬戸内少年野球団」でブレイクした佐倉しおりを主演に撮ったりしている。佐倉は高校生の時、盆踊り大会でスカウトされたというラッキーガール。

何といってもシェルパンティエの「真夜中のミサ曲」の「グローリア」が物語を盛り上げているのが印象的だが、全編巨匠モーリス・ジャールが音楽を担当している。

それまで一般的でなかった「ロリコン」をテーマにした日本初の漫画雑誌「シベール」が作られたというのも面白い。タイトルがこの映画からとられたことは明白だが、映画では必ずしも主人公がロリコンというわけではない。映画のようにひとつ間違えればそう思われてしまうという危うさがとにかく心に引っかかった。

旧・西ドイツ映画 **「バグダッド・カフェ」**（1987年、パーシー・アドロン監督）

何といっても目の覚めるような原色に彩られた画面に圧倒される。最近では日本でも蜷川実花の監督作が花園まがいの映画を作っているが、それまでこんな色彩感覚に富んだ映画はなかったのではないか。とにかく圧倒される美しさである。それは、もう一つの主役であるうらぶれた建物の退廃的感覚を逆説的に表現したものと考えてもいい。

パーシー・アドロン監督の色彩感覚はただ者ではない。赤や青、といった原色を堂々と前面に掲げる一方、室内では寒色系の色を使ったりする。その対比がたまらない。

例えるならば明るくまばたくショーや噴水にきらめくこの世とも思えない妖しい美意識で人を引き付ける街・ラスベガスの中に殺風景なシャッター街が忽然と現れるようなものだ。

ラスベガスとロサンゼルスを結ぶハイウエイ。アメリカ西部モハヴェ砂漠を横切るそのハイウエイのはずれに佇む一軒のさびれたダイナー兼ガソリンスタンド兼モーテルがある。

夫と喧嘩別れして車を降りたドイツ人旅行者のジャスミンは、そのモーテルにふらりとやってきた。女主人のブレンダはぐうたらな亭主を今日も怒鳴りつけて家から追い出す。ジャスミンは暇を持て余し勝手にモーテルの掃除をしたり子どもの子守りまでするようになる。最初は警戒心もあらわにしていたブレンダだったがやがて打ちとけていく。暇任せにやっていたジャスミンの手品が評判を呼びやがて客が来るようになるが、保安官が不法労働者として彼女を国へ追い返してしまう。

ジャスミン役を演じたのは「シュガー・ベイビー」で評判をとったマリアンネ・ゼーゲブレヒト。ブレンダはガイアナ系アメリカ人のＣＣＨ・パウンダー。このふたりの駆け引きやセリフがとにかく面白いのだ。

後半になると近くのトレーラーハウスで絵を生業にしているルディ（ジャック・パランス）がこのふたりに絡んでストーリーの主軸になっていく。

この映画に使われた砂漠のモーテルはセットではなく実際に営業していた。映画のヒットで有名になり観光客の名所に。今どきの言葉でいうなら「聖地」だ。そのため撮影終了後には店名を「バグダッド・カフェ」に改名したそうだ。商魂たくましい！

セザール賞最優秀外国語映画賞やドイツ映画賞の長編映画賞など多数を受賞している。

残念なことにその後のパーシー・アドロン監督の活躍は詳しく分かっていない。それだけにこの作品が彼にとって最高の勲章といえるだろう。日本では公開時ロング・ヒットを記録しミニシアターの先駆けとなった。

世界的人気アニメ「ONE PIECE」の作者・尾田栄一郎は作中に出てくるバロックワークス社はこの映画のモーテルがモデルだと明かしている。意外な接点があるものだ。

イギリス、ドイツ、日本合作 **「ベンヤメンタ学院」**（1995年、ブラザーズ・クエイ監督）

理屈で理解しようとしてはいけない（あるいは理解を超越した）映画というものがある。それがこの、クエイ兄弟によるファンタスティックで神秘的な映画だ。単にシュールで詩的と言ってしまうには無理がある。

最初にストーリー（あるとすればの話）を書いておこう。せめてもの慰めとして。

学院の場所も時代も曖昧。それは大都会の中の高い塀の中庭にひっそりと建っている。荒れ果てた、今にも崩れ落ちても不思議ではないアンティークな外観と迷宮回廊。そこは執事を養成するため、服従することを学ぶ寄宿学校だった。ひとつのレッスンをひたすら繰り返すというストイックなカリキュラムに生徒は黙々と従っている。主人公のヤーコプはそこに住む住人たちの不可思議な行為に困惑していく。そしてこの学院には隠された秘密があることに気づき友人のクラウスとともにそれを暴こうとする。

この迷宮のような、ベールに包まれた神秘的な世界に入り込んで描かれるものは、おとぎ話か、はたまた高尚な哲学か？

兄の院長に禁断の想いを寄せる妹のリーザ先生、生徒のヤーコプに恋する院長。そしてヤーコプを誘惑するリーザという三角関係の行き着く先はどこか？

死を匂わせたモノクロの映像が白昼夢となって頽廃の色を濃くしていく。まさにクエイ兄弟の頭の中に構築された世界の投影だ。何といってもこの映画はセリフがまったくないことに驚かされる。つまり俳優のセリフ抜きの演技だけで成り立っているのだ。

これが初の長編作品だがそれ以降の代表作「ピアノチューナー・オブ・アースクエイク」などはさらに難解極まりない。

そもそもクエイ兄弟はヤン・シヴァンクマイエル監督を尊敬しているのだから、むべなるかなである。

種明かしをしよう。この映画の原作はスイスの異端の作家ローベルト・ヴァルザーの小説「ヤコプ・フォン・グンテン」と「白雪姫」「シンデレラ」のシャッフルからインスパイアされたものだ。ヴァルザーは20余年間精神病院に入院したまま56年に亡くなっているが、近年再評価が進んでいる。5歳年下だった幻想文学のフランツ・カフカが最も敬愛したといわれている。それだけでもこの映画がとんでもない作品として生まれた訳が分かろうというものだ。

主演のマーク・ライランスはシェークスピア劇の第一人者として知られファスベンダー監督のお気に入り。また欧州アート映画界で注目の美人女優アリス・クーリッジがリーザを演じている。当時ブロードウェイやロンドンの舞台に彗星のように現れ大評判になった。

音楽も映画ファンの間で絶大な人気を誇る「ストリート・オブ・クロコダイル」のポーランドの作曲家レシュ・ヤンコウスキが担当している。ロンドンで6週間の撮影後、何とポストプロダクションに1年半もかけている。

ロカルノ国際映画祭若手批評家賞と、ストックホルム国際映画祭でブロンズ・ホース賞を受けている。

ブラザーズ・クエイ兄弟の頭の中を覗き込みたいと思った。

アメリカ映画**「この森で、天使はバスを降りた」**（1996年、リー・デヴィット・ズロートフ監督）

この監督も観客の心を摑む方法を知っていたに違いない。ただのお涙頂戴の最近の映画と違って一番大切な心に至るそのプロセスを大切にしていることが分かる。それは主人公がただ悲惨な体験から抜けだすために苦労しようとしているのに、それを踏み潰そうとする人間の存在を、一つのパターンとして描いているからだ。それだからこそリアリティーが生まれる原動力として作用するという理路整然とした原理を理解しているのだろう。

かく言う私も現実社会でこういう場面を見てきたし、それによって社会の不平等の何たるかをまじまじと目の当たりにしてショックを受けた経験があるからだ。

この監督に言わせれば「単なるフィクションではない、切実な人間存在に関わる問題だ」ということだろう。

パーシー（アリソン・エリオット）は刑務所を出ると、人生をやり直すためにメイン州の小さな町で下りた。「スピットファイア・グリル」という名のカフェが目に入る。そこで店主のハナ（エレン・バースティン）は不愛想だが訳ありのパーシーを雇う。常連客のネイハム（ウィル・パットン）はパーシーが胡散臭いと過去を探り始める。ところがある日、ハナが転倒して働けなくなった。そこでパーシーとネイハムの妻シェルビーが店を手伝い持ち直す。パーシーに思いを寄せるジョー（キーラン・マローニー）が店を建て直すためにコンテストで金を集めるが、それを妬むネイハムが盗む。しかし手違いでその金は森にすむ男（実は戦争で行方不明になっていたハナの息子）の手に渡る。ネイハムはパーシーを疑い彼女は逮捕されてしまう……。

場所や細かい設定こそ違え、どこか「シベールの日曜日」に進行パターンが似ていなくもない。パーシーは死ぬことになるがそれも同じ。よい映画の条件というものは、どうやら常に正しい主人公が憎まれ役から理不尽なひどい仕打ちを受けるというもののようだ。「ショーシャンクの空に」や「サイダーハウス・ルール」のようなハートウォーミングな映画もそのパターンだと記憶する。噛めば噛むほど味が出る映画といえる。

本作はサンダンス映画祭で観客賞を受賞している。人気のせいかその後ブロードウェイ・ミュージカル化もされている。

監督のリー・デヴィット・ズロートフは脚本家でもあるが、辣腕テレビプロデューサーとして有名。ピアース・ブロスナンをスターにしたテレビの大人気番組「探偵レミントン・スティール」や「マクガイバー」シリーズ、最近では「NCISネイビー犯罪捜査班」などを手掛けている。


イギリス、アメリカ、クロアチア合作 **「ブコバルに手紙は届かない」**

（1994年、ポーラ・ドラシュコヴィッチ監督）

今はロシアによるウクライナ侵略戦争が毎日テレビをにぎわしているが、かつてはベトナム戦争、朝鮮戦争、イラク、シリア、アフガニスタンなど中東における戦争があった。この映画はチトー大統領の死によるユーゴスラビア崩壊から始まった。連邦国家は多民族国家という致命的な問題を内包する。それゆえ接着剤の役割をしていた力のある統治者がいなくなると人種や宗教対立が露わになり、たちまちバラバラになる運命が待っている。

正確には1992年3月、ユーゴスラビアからのボスニア・ヘルツェゴビナの独立を機に勃発したムスリム（スラブ人のイスラム教徒）とセルビア人、クロアチア人による武力衝突をいう。古都ブコバルはサラエボと並ぶ激戦地となった。

そのユーゴ内戦（ボスニア紛争）＝クロアチア人とセルビア人の民族浄化戦が描かれる。メジャーな作品は他にもたくさんあるが、マイナーながらこの映画は戦争で引き裂かれた恋人たちの悲劇がメインという分かり易さの上、まだ戦闘が続いている中で、砲火をくぐって撮影されたという、セットではない本物の生々しさ、リアル感が半端ではないということが特筆ものだ。ラストで廃墟になったブコバル市内を空撮するシーンがあるが、これこそ戦争がいかに愚かなものであるかという説得力には脱帽するしかない。いつでも戦争の被害者は罪のない市民であるということだ。

何といってもこの映画のファーストシーンとラストとの対比が素晴らしい。

アナ（クロアチア人）とトーマ（セルビア人）は結婚したばかり。アナ（ミリヤーナ・ヤコヴィッチ）

はトーマ（ボリス・イサコヴィッチ）とキスについて語っている。つまり人間の愛し方を確認しているのだ。ところが小さな火種は燎原の火のようにたちまち広がった。トーマにユーゴ連邦軍に入れという召集令状が届く。アナは妊娠したため実家のザグレブ行きのバスに乗る。だが実家ではセルビア人と結婚したことで冷たくあしらわれる。戦争が激化、爆撃に会い両親は死んでしまう。破壊された街をさまよっていると友人の子供連れのラトカと出会いかつて住んでいた家を見つけて隠れるが、「戦争の犬」と呼ばれるゴロツキたちに見つかりレイプされてしまう。その後、偶然トーマと再会するが、彼はクロアチア軍の反撃を避けるため逃亡する途中だった。ひとりで出産したアナは赤ん坊を抱いて避難用のザグレブ行きのバスに乗りこむ。ベオグラード行きのバスにはトーマがいたが、バスが発車すると乗らなかったトーマが立っていた。

モーツァルトのレクイエムやピアノ協奏曲23番が全体を通奏低音のように貫きシリアスドラマを盛り上げる。

監督のポーラ・ドラシュコヴィッチはポーランド人の巨匠アンジェイ・ワイダに学んだ。他に「人生は美しい」という映画が知られている。

それにしても昨日まで仲良くしていた隣人と、突然殺し合うことになるなんてこんな不条理なことがあっていいのだろうか。ユーゴ軍３万６０００人はブコバルを防御するクロアチア軍２０００人に対して87日間猛攻を加えたとされる。

他に同じボスニア紛争をテーマにした「サラエボ　希望の街角」「ボスニア」といった作品があるので見比べるのもいいだろう。

中国（イギリス領香港）映画**「變臉《へんめん》―この櫂に手をそえて」**（1996年、ウー・ティエンミン（呉天明）監督）

涙なくしては見られない紛れもない傑作である。

まだ中国に返還される前の香港だから撮れた？と考えるのはうがちすぎだろうが、日本以上に保守的で儒教の教えが厳格に守られている中国。男性社会の中でどれほど女性が虐げられ、伝統という壁がいかに厚いかが分かる。

だからストーリーの鍵になる少女クーワー（狗娃）の全身全霊で演じている役に、本当の心の美しさを感じ取り、観客の心まで震えさせてしまうのだろう。ちなみに名前の一文字「娃」は美しいという意味だ。

「變臉」というのは中国に昔から伝わる大道芸のことでくまどりした布製仮面の早変わりだ。初めて見る人はびっくりするだろう。瞬きする間もなく、一瞬で仮面が次々と変わり、まるで手品のよう。一体どんな仕掛けになっているのだろうと首をひねること請け合いだ。ちなみに邦題の「臉」は正式な読み方だと「れん」。

ストーリーを紹介しよう。

年老いた王《ワン》だがかつては変面王と呼ばれるほどの名人だ。今は小舟をねぐらにして暮らしている。変面の技は男子のみに一子相伝するものという掟があったが、ワンには子どもがいない。ワンはやむなく非合法と知りつつ男の子を買って技を伝えようと考え、その子にクーワーという名前を付けて溺愛した。ところがある日、そのクーワーが女の子であることが発覚した。だまされたと知ったワンは激怒して彼女を舟から追い出そうとする。だが行く当てのない彼女は泣いてすがり懇願。なんとか雑用係としておいてもらえることに。ところがクーワーの粗相からろうそくの火で舟を焼いてしまった。クーワーはせめてもの償いにと、どこからか男の子を連れてきた。だがそのせいでワンが誘拐犯として逮捕されてしまう。クーワーは有名な京劇役者の客である軍人に頼み込みワンを重罪から救う。その心に打たれワンはクーワーを我が子のように思い、芸を伝える決心をする。

今では考えられない事だが、アメリカで公開されると99年度だけでも100万ドルの興行収入をあげたというからよい映画には国境がないという事が言える。

ワンを演じたチュウ・シュイは演技指導を本物の大道芸人から受けた際、早変わりの仕組みを絶対に口外してはならないと約束させられたという。それほど秘密の伝統なのだ。

ウー・ティエンミン監督はいわゆる第五世代といわれるチェン・カイコーやチャン・イーモウといっ

た監督を育てた人でもあるが、第五世代と違い、主張を全面に押し出すというより淡々と人物を描くことに徹している。

あの名作「古井戸」(87)から8年後、天安門事件で逃避していたアメリカから帰国して作ったという意味からも、中国への郷愁というより批判が含まれているとみるのが妥当だろう。

「この映画を泣かないで見られる人がいますか」「当時の中国って、女に生まれただけでこんな生き地獄だったんですね」というSNSの書き込みがすべてを表している。

当然ながら東京国際映画祭での主演俳優賞や監督賞をはじめキャンベラ国際、イスタンブール国際、シンガポール国際、金鶏奨など多くの映画祭で受賞歴がある。

こんな傑作が未だにDVD化されていないのが不思議でならない。

アメリカ映画 **「サルバドル/遥かなる日々」**(1986年、オリバー・ストーン監督)

目に焼き付いて忘れられないシーンというものがある。

この映画のラスト。戦闘機が機銃掃射をしながら向かってくる。死の恐怖に抗いながら無謀にもその前に両手を挙げて仁王立ちする主人公の姿だ。

なぜ、忘れられないのかと考えてみた。それは多分正義のために立ち上がる男のヒロイズムがカッコよく見えたからなのだろう。決してこの映画の専売特許ではない。クズ人間がやがて生きることに目覚めるというストーリーは真新しいものではない。だがそれを差し引いても残るものがここにはあったからだ。

物語は単純だが政治的に深いものを含んでいる。

売れないジャーナリストのボイル（ジェームズ・ウッズ）はぐうたらなせいで妻子にも見限られ金に困っている。当然、自暴自棄になるが警察の世話になった時、友人のドクター・ロック（ジェームズ・ベルーシ）が保釈金を払って助けてくれる。酒と女で丸め込まれ安易な金稼ぎに、危険とも知らずエルサルバドルへ向かうことに。そこは右派の政府軍と左派の反政府軍ゲリラが血みどろの内戦を繰り広げていた現場だった。ドクは売春宿に入り浸り。ボイルはかつての愛人マリアと再会を果たす。政府軍のカサノヴァ少佐（トニー・プラナ）は敵に内通しているロメロ大司教を暗殺し、部下にシスターたちをレイプのうえ惨殺させる。マリアの弟も政府軍に殺されようやく真実に目が覚めたボイルは正確な情報をルポする決心をしたのだった。

中南米ではキューバ革命やチリの軍事独裁政権が有名で、あまりサルバドルのことは語られてこなかった。

当時共産主義の拡大を懸念していたアメリカのレーガン政府は、冷戦期の封じ込め作戦として中南米の独裁者たちを密かに支援していたという事実がある。倫理観の欠如が戦争を悲惨なものにするという、ストーン監督はそのことを批判しているのだ。彼なりの正義感がにじみでている社会派ドラマだ。

これはほぼ実話で劇中に出てくるマックス少佐ことカサノヴァ少佐はロベルト・ダビュイソン＝ボブ少佐という実在した残酷で知られる人物で、当時民衆を震え上がらせていたことは有名。

この前年公開された話題作、同じストーン監督の「プラトーン」より上だと批評家たちは口を合わせたものだ。撮影当時はまだ内戦真っただ中。それゆえ現地での撮影はできず、全編メキシコで撮られた。「プラトーン」が終戦10年以上たっているのに対し、ヒットこそしなかったが、こちらは真っ最中というリアルさが画面に出ていると言えよう。

第59回アカデミー賞で主演男優賞と脚本賞でノミネートを果たしている。

韓国映画 **「八月のクリスマス」**（1998年、ホ・ジノ監督）

古き良き時代のじんわりした恋物語。今どきの恋愛映画というと声高に語るものが多いが、スマホもない時代、静かにふたりの会話だけ（それもハッキリと好きとは言わない）で成り立つのももどかしい感じがするのだが、どこか小津監督を思わせるしっとりとした日本的な風情が漂う。

これはホ・ジノの初監督作品。日本でも山﨑まさよし、関めぐみの主演でリメイクされているからご存知の方もいるはず。

ユ・ジョンウォン（ハン・ソッキュ）は写真館を経営している。ガンが見つかって死が迫っているが誰にも明かしていない。ある日、駐車違反取締りの女性警察官キム・タリム（シム・ウナ）が急ぎの写真の現像を頼みに来る。やがておしゃべりするうちに気が合い、心が通い合っていく。静かな愛が芽生えるのだがユはガンであることを明かすことが出来ない。

これは感覚で味わう映画と言うべきかもしれない。切なさややるせなさがじんわりと染み込んできて、見ている方が歯がゆく思ってしまう。だがそれがいいのだ。愛と死という永遠の重いテーマなのに、なぜかさわやかな涙にくるまれて納得してしまう。

筆者は難病で観客を泣かせようとする映画には反対なのだが、そんないやらしさ、こざかしさがここにはない。

ユが写真館を営んでいるのは死んでも写真は残るという監督の比喩なのだろうか。ラストシーンを見てそう思った。

タイトルの意味について「私たちは日常悲しみを感じたり、ある時は笑ったり、そういった相反するふたつの感情のぶつかり合いの中で日常を生きていると思います。そういった意味を込めて八月という夏の明るいイメージとクリスマスという冬のイメージを持つ単語をふたつ合わせました」とホ・ジノ監督は語っている。

ロケは韓国西海岸の港町・群山にある「チョウォン写真館」が使われた。群山は映画のロケ地としても有名で「将軍の息子」など100本を越える。日本式家屋が残っていることでも知られる。写真館は日本と同じように、あちらでも聖地として今でもファンが訪れる観光地となっている。主演のシム・ウナは20代で引退・結婚したが、その心理からもこの映画は、韓国映画最高のラブストーリーと言われるゆえんである。

ゆうばり国際冒険ファンタスティック映画祭99でゆうばりファンタランド女王賞ほか、大鐘賞、青龍賞、釜山国際映画祭など多くの映画祭で受賞歴を誇る。

イギリス、アメリカ映画 **「日の名残り」**（1993年、ジェームズ・アイボリー監督）

原作はご存知日系イギリス人のカズオ・イシグロが書いたブッカー賞のベストセラー小説。やはり原作がいいと名作となる、という一番の好例かもしれない。

「眺めのいい部屋」や「ハワーズ・エンド」で知られる名監督ジェームズ・アイボリーだけに俳優の

演技から感情の引き出し方が上手い。さすがと言わざるを得ない。名優アンソニー・ホプキンスとエマ・トンプソンだからという訳ではないだろう。

時代は1958年、まだ第二次世界大戦の始末が終わっていないころ。オックスフォードの名門貴族ダーリントン卿に人生のすべてをかけて仕えてきた老執事がいた。彼（スティーブンス）から見た回想録というスタイルで物語は進行する。そもそも信頼できない語り手という一人称の設定はミステリーではよく使われる手法で、カズオ・イシグロ自身も「文芸的なテクニックではない」と断っている。

さて物語だ。かつては政府要人が出入りし、ユダヤ人の女中を解雇したこともあったダーリントン卿だが、その彼も亡くなり屋敷はアメリカの富豪に買い取られた。スティーブンスは新たな主人に仕えることに。いつも対立していた女中頭のミス・ケントンは屋敷から去りもういない。対立しながらもふたりは心のどこかで互いが惹かれ合っていたのを知っていたのだが、ついに言葉に出すことはなかった。

感情を顔に表すことがなかったストイックに生きることを選んだ彼の人生に、悲哀という言葉は似合わない。だが、そのミス・ケントンから手紙が届く。そこには彼女が結婚すると綴られていた。すでにミス・ケントンの愛情が今は自分がその対象でないことを悟りささやかな希望がつい
え去ったことを知った。

静かな別れのシーンが感情の起伏を最大にするクライマックスなのだが、それもどこまでも上品で嫌味がない。極上のゴブラン織りに触った思いだ。唯一の欠点は今でも厳然と残るイギリスの階級社会のいやらしさか。日本人にはなじみがないだけに理解できない部分かも。それでもふたりの名優が演じたこの作品には心が洗われ、どこまでも損傷がない。人間の尊厳ということについても考えさせられる。

屋敷を買い取ったアメリカの大富豪役がスーパーマンを演じたクリストファー・リーヴ。彼が迷い込んだ鳩を窓から飛ばせる最後のシーンは、呪縛から解き放されたスティーブンスの心の自由と解釈するべきか。

原題は[the Remains of the Day]（日が暮れる前の一日で最も素晴らしい時間）というもの。鑑賞後にまるで残照を浴びている気分になれるのはそのせいかもしれない。

米アカデミー賞8部門にノミネート。

フランス、アメリカ合作**「レオン」**（1994年、リュック・ベッソン監督）

おや、珍しくアクション映画を選んだなとお思いだろう。さにあらず。この作品はアクションという枠からはみ出し、孤独でストイックなプロの殺し屋と、一家を麻薬密売組織に殺されたみなし子の少女という、世間からはみ出した2人が心を通わせるという物語で、ドンパチよりこちらに重点が置かれているのだ。つまりキャッチコピーが「狂暴な純愛」となっているようにそのギャップの大きさゆえに身につまされることになる。

というわけでそのハートフルな部分に共感したということだ。

この作品はリュック・ベッソンのハリウッド初監督。また主演のジャン・レノ、ナタリー・ポートマンもこの映画で一躍世界的なスターになった。

面白いのは、会社側は当初まったく期待していなかったが予想外の大ヒットとなり嬉しい誤算に大慌てだったとか。

舞台はニューヨーク。ひと仕事終えたレオン・モンタナがアパートに帰ってくる。彼はそこで出会った隣の部屋のマチルダ・ランドーという少女に痣がある事に気がつく。聞くと家族から虐待されているという。そこからふたりの交流が始まる。ある日マチルダが帰ってくると入り口で家族が銃で撃たれ、死んでいた。とっさに隣の部屋に飛び込みレオンに助けを求めた。実はマチルダの一家は麻薬売買に関係していたのだが、横領がバレて始末されたのだ。レオンは最初、躊躇するが彼女を保護することに決めた。それは自分と同じ根無し草だというシンパシーからだった。それから親子のような奇妙な共同生活を始めることに。やがてマチルダは一味の1人がなんと麻薬取締局の捜査官スタンフォード（ゲイリー・オールドマン）だと知って、家族の仇を打つためにレオンから殺しの技を教えてもらう。マチルダは代わりにレオンに読み書きを教える。しかし敵はふたりのアパートを嗅ぎつけ部下の市警特殊部隊を差し向けたのだった……。

リュック・ベッソンはこの「レオン」を作る前に「コロンビアーナ」、その後も「ニキータ」という女性の殺し屋が主人公の映画を作っており「レオン」はまるでその英語バージョンのよう。ベッソンはこの「女殺し屋」のストーリーに強い思い入れがあるようだ。

この映画にはディレクターズカット（完全版）と不完全版（エクステッド版）があった。完全版は暗殺訓練やナタリー・ポートマンが性的対象に見られるシーンが不健全だと批判されたためカット版が使われた。

ナタリーは後に「ロリータのように見られるのが怖かった。尊敬されれば性的対象として見られない（物として消費されない）から」と告白している。だから15歳の時にナボコフの「ロリータ」へのオファーもあったが断っている。

彼女は大変頭がいい。優等生のイメージが自分を守ることになると知っていたのだ。

余談だが、ＳＷＡＴ隊員の中に、まだ無名のサミー・ナセリがいた。それがベッソンの目にとまり、後に「ＴＡＸｉ」に抜擢されたというおまけが付いている。

⑨日本美女目録①～島田陽子という女優

■松本清張の名作ヒロインにまた抜擢

「球形の荒野」（1975年、貞永方久監督）

２０２２年7月25日にガンによる多機能不全で、女優の島田陽子が亡くなった。享年69歳だった。清純派から国際女優へと大きく飛躍した彼女だが、その人生は映画のように順風満帆とはいかなかった。その一番大きな要因は母の介護と借金問題をめぐって2人の妹たちと絶縁してしまったことだろう。そのため彼女は「実家の墓には入らない」と公言していた。

つまずきの始まりは二人三脚でやってきた名物マネジャーとの死別から始まったとされる。生前用意した本庄市のお寺に埋葬されたという謎の架空葬儀報道もあったが、渋谷区が一時保管、結局所属事務所が引き取り保管後自宅マンションに移されたらしい。宇宙葬の生前予約も申し込んでいたというから身内とのバトルは生半可ではなかったようだ。

島田陽子は72年に「初めての愛」という作品で映画デビューしている。一時、島田楊子という芸名も使っていた。

さて本題だが、この映画『球形の荒野』は社会派ミステリーの大家・松本清張の小説が原作。名作「砂の器」（74年）に続くヒロイン島田の出演作。「オール讀物」に連載されていたもので評価は高くテレビドラマとして何と8回も作られている。

スケールの大きな作品。もはや戦後ではないという言葉がまことしやかにささやかれていた昭和36年、奈良の唐招提寺を訪れた野上久美子（島田）は芳名帳に外交官であった亡き父・野上顕一郎の筆跡を見つける。久美子は新聞記者で恋人の添田彰一と調べに行くが、芳名帳は破り取られていた。そのことを周囲にもらすと誰も真に受けてくれない。「ウィンストン・チャーチルにきけ」と外務省の課長が意味不明なことを口走る。添田が面白半分に調べ始めた矢先、関係者らしき人物が死体で発見された。

妻子を捨ててまで国を滅亡から救おうとした、終戦間際に起きた悲劇が明るみに出るのだが、作家・半藤一利によると松本清張はこの作品が一番好きだと言っていたそうだ。古いお寺に残された落書きを見て、過去の失恋話を連想する老婦人といったシチュエーションからインスピレーションを得たという。

北宋時代の有名な書家が出てくるのは清張がまだ博多の印刷所で見習いをしていたときに知って題材に使おうと思ったからだという。

貞永監督は、ちょうど脱稿したときにベトナム戦争が終わり、サイゴンを脱出する人々と満州から引き揚げてくる難民を重ね合わせたと回顧している。

島田は81年版日本テレビの「火曜サスペンス劇場」で映画版と同じ野上久美子役で主演している。ラストシーンは古都・奈良か京都、と思いきや観音崎はちょっと肩透かし？　でもロマンミステリーと銘打つだけあって静かで感動的だったというのが大方の評価だった。

彼女の人生をめちゃめちゃにしたのはロックンローラーの内田裕也だといわれているが、それについてはまた後ほど書こう。

インターネットでは島田が新興宗教に入信したといわれていたが、これは「法の華三法行」という宗教団体の元代表の半生を描いた映画「塀の中の神様」に出演したことが原因。どうやらガセネタだったようだ。

10年ほど前から膠原病と語っていたが実際はリュウマチだとか。周囲もハッキリ言わなかった。これも有名税ということか。昨年9月27日にはお別れ会が開かれた。

キャッチフレーズが「地球は荒野でしかないのか？」だった。心の中の荒野をさまよった島田にとって胸にズシリと刺さる言葉だろう。3年にもわたる大腸がんとの闘病生活、いたましいと言わざるを得ない。

■しごかれた島田に手を伸べた内田裕也

「花園の迷宮」（1988年、伊藤俊也監督）

「将軍　SHOGUN」(80) のまり子役で出演した海外ドラマ。これが空前の大ヒット。ゴールデングローブ賞ドラマシリーズ部門、ゴールデンアップル賞などを受賞し、清純派女優から国際派女優にステップアップした島田陽子だったが好事魔多し。

この「花園の迷宮」でロックシンガーの内田裕也と共演したことが人生の大汚点になるとは島田自身も思っていなかっただろう。あろうことか泥沼の不倫騒動でマスコミをにぎわすことになった。これで一躍スキャンダル女優というレッテルを張られてしまう。

内田裕也は金払いがよく周囲に気前よくおごる性格だった。つまりは金銭面でだらしないということ。それを助けたのが島田だ。借金してまで貢いだといっていいだろうか。島田はどんどん借金ダルマ状態になっていく。しかも内田の離婚問題も樹木希林の拒否で宙に浮いたまま。内田が勝手に役所に離婚を申請するという暴挙に出たが結局裁判で負けてしまった。

この時の借金は億といわれる。だから亡くなった時、残ったのは借金のみ。これでは身内が引き取るとは言えないのも当然だ。

さて、この原作は山崎洋子による第32回江戸川乱歩賞の受賞作。デビュー作でもある。

ただ小説と映画版ではかなり変更が加えられている。原作では主人公がふみ（冬実＝工藤夕貴）になっているが、こちらは遊郭の女主人・秋元多恵（島田）が主人公になっており犯行動機も変えられている。

昭和17年、横浜の遊郭にふみが売られてくる。その翌日不審な事件が続発する。多恵の夫・市太郎が殺され、ボイラーマンも誰かに刺され重体になったのだ。市太郎の姉・キクは多恵が犯人ではないかと考えるが……。

監督も撮影の木村大作も島田の過去の作品を見て徹底的にしごくことを決めた。というのは島田の身長が171センチ。当時の女優としては大きい。島田はそれを気にしていつも猫背だったのだ。本作ではオールヌードシーンがあるのだが、ここでも猫背。見かねた木村が「外国の女優さんを見てごらんなさい。胸があろうがなかろうが気にしないから、ある種の美しさが出るんです」と説得したという。

取り調べでバケツの水をぶっかけられたりした島田。このしごきを内田裕也が見て、彼女にやさしく手を差し伸べたのが、ふたりが親密になった理由だといわれる。

他にも江波杏子の尻にキスするシーンとか、拷問されるシーンもあるが、リアリティー感を出すにしてもほどほどにして欲しかった。

遊郭・福寿楼は建設に2カ月かけて日本で一番広いといわれた東映京都第11ステージ310坪の敷

地に作られた。伊藤監督は木村撮影監督の意見を入れて徹底的に基礎工事から本物のエレベーターを入れ、シャンデリア、ステンドグラスにいたるまで本格的なものにこだわった。「あれはどうやって撮影したんだろう、といわれるような映像を作りたい」と考えたそうだ。

当時、東映京都撮影所は怖いところだと俳優仲間から恐れられていた。だから内田は金属バットを引っ提げて乗り込んだという話が残っている。

ただ昭和17年なのに島田のソバージュというのは時代考証的にも無理があるという声も。クレジットは2番目なのに名高達郎がちっとも出てこない、という苦情もあった。せめて十代の工藤夕貴が可愛いかったという声が救いかも。

レトロ感を出すためスモークを焚いたがこれが原因で労組から「伊藤組を粉砕しろ」と突き上げられた一幕も。木村は特撮も担当した。

正月映画第2弾として公開されたが、成績は芳しくなく、製作費8億円、興行収入は3億円止まりだった。高岩淡東映専務は「原作の受賞から時間たち過ぎていたのが原因だろう」と語っている。音楽はクラシック界の大家・池辺晋一郎。

■女優という商品に反発のオールヌードも

「動天」（1991年、舛田利雄監督）

動乱の幕末にはたくさんの傑出した人物がいる。西郷隆盛しかり、勝海舟しかり。だが武士階級だけではなく、激動の日本を見据えて動いた商人もいたことを忘れてはならない。しかしその陰には幕府と反体制派という政治的駆け引きに翻弄された波乱の人生があった。

原作は作詞家のなかにし礼。その主人公は江戸時代の生糸商人・中居屋重兵衛というあまり学校では習わない無名の男。

タイトルの「動天」とは中国の「三国伝記」にある、天を動かすほど勢いがあるという意味。

映画化するにあたってなかにしは総合商社トーメン（合併して豊田商事となる）に出資をお願いした。日本の開国に貢献した中居屋という人物を映画として残し再発見・再認識して欲しかったのだろう。なかにしは企画を東映の岡田社長に持ち込み「前売り100万枚確保するので協力して欲しい」と頼み込んだところ「彼のロマンに賭けたい」と応じたそうだ。

簡単に中居屋重兵衛のメモを残そう。

上野国（群馬県嬬恋村）の名主の子に生まれる。蘭学者の川本幸民とシーボルトから教えを乞う。

会津藩や上田藩の生糸を扱っていたが日米通商条約締結で横浜に店を出し財を成す。だが幕府の御用商人の三井家が手を回したのか幕府の命により閉鎖の憂き目に。

映画は商人ながら佐久間象山の門下生として火薬や砲術などを学んでいく姿を描く。だが西欧化に反対する勢力から次第に圧力をかけられ自由を奪われていくのだった——というストーリー。

実際には中居屋重兵衛の資料は少なく、実在したのかさえ確実ではないという。しかし安政の大獄で知られる大老・井伊直弼が襲われた桜田門外の変で水戸浪士たちが使ったピストルは、水戸藩シンパであった中居屋が手配したと言われる。

中居屋重兵衛を北大路欣也、おそのを黒木瞳、おらんを島田陽子が演じている。勝海舟は西郷輝彦。開国がまじかと判断した重兵衛は一計を案じる。そして妻のおその（黒木）を品川の遊郭「春月楼」に連れて行く。それはかねてから懇意にしていた女将のおらん（島田）に、将来を見据えて客商売のノウハウを妻に教え込んでくれと頼むためだった。おらんは快くそれを引き受け、一から厳しくおそのに作法を教え込む。その中には男をいかに手玉に取るかという色仕掛けも含まれていた。

男尊女卑が嫌でも色濃く出ている場面だ。

島田は3歳からクラシックバレエを習っていた。だから高校まではバレリーナになる夢を持っていた。学校では学級委員になるほど成績優秀、スポーツも万能と言うことなし。それが女優になるきっかけはいわずと知れた石ノ森章太郎原作の特撮テレビドラマ「仮面ライダー」への出演だった。

これは所属する芸能事務所が藤岡弘を売るためのバーター起用であったと言われる。島田は全98話中3分の1にあたる34話に登場している。その他にも山本リンダ、中田喜子らも出演していたがファンからは「ライダーガールズ」と慕われた。女子だって変身願望はあるし、子どもたちには親しみのあるお姉さんが必要だといって採用されたのだがやがて島田は女優業、リンダも歌手としてブレイクし、全話通して出演したのは沖わか子だけとなった。

さて島田は「砂の器」(74)、「球形の荒野」(75)、「犬神家の一族」(76)とミステリー大作が続いて行った。そして「将軍 SHOGUN」(80)で海外に進出、大ブレイクした。

だが、出演作も次第に限られてくる。そんな時に珍しく幕末の映画というオファーがきた訳だ。女優というものには年齢という足かせがある。だからどうしても潮目の変わる時が来るのは避けられない。商品価値が大事なのだ。

島田がこの映画の翌年、ヘアーヌード写真集を出したのも勝負に賭けたということだろう。この時彼女は御年38歳。微妙な年齢だった。ところがこの写真集は何と55万部という大ヒット。女神が微笑んだ。起死回生いうところか。

「動天」に戻るが、琵琶湖畔に横浜の巨大セットを作った。トーメンが製作費10億円を出資。なかにしも自腹で3億円を調達したとされる。その内の1億円で東映京都撮影所が建設したようだ。

配給収入は10億5000万円。計算上はマイナスだが、なかにしの夢はこうして叶ったわけだ。音楽は池辺晋一郎。

■「全米の恋人」は大胆さと可憐さと

「将軍　SHOGUN」（1980年、ジェリー・ロンドン監督）

清純派女優として出発した島田陽子だが、一躍国際派女優として躍り出たのはこの『将軍　SHOGUN』の成功で、だった。

原作はジェームス・クラベルのベストセラー小説が原作。アメリカの全国ネットNBCが制作しテレビドラマとして5日間連続で放送したところ、大反響があった。全米視聴率が32・6パーセント、最高で36・9パーセントを叩き出したというから驚きだ。これは77年にアメリカのお茶の間を占拠した「ルーツ」に次ぐ歴代2位を記録。

第3話に至っては全米占拠率が57パーセントにも達した。その中心が島田陽子扮する戸田まり子の、可憐な美貌とその後の悲劇的な人生にあったことは想像に難くない。

舞台は17世紀。イギリス人航海士ジョン・ブラックソーンが乗ったオランダ船が遭難、日本に漂着した。そこで彼が見たものはヨーロッパ文明とはあまりにかけ離れたものだった。やがてキリスト教の宣教師やSHOGUN・吉井虎長らと交流を深め、日本で生きていくことを決意するというもの。

おじぎをしなかったというだけで農民を有無も言わせず切り殺すサムライ。オランダ船の船員が無理やり連れていかれ釜茹でにされたり、裁判や取り調べもせずに容疑者を牢屋に叩き込むといったためちゃくちゃな内容もあるが、ヨーロッパ人からみれば日本は野蛮な未開の国といった誤ったイメージがその根底にあるのだろう。いわばカルチャーショックだ。

登場人物にはモデルがいる。リチャード・チェンバレン扮するジョン・ブラックソーンは三浦按針ことウィリアム・アダムス。三船敏郎扮する吉井虎長は徳川家康。ヒロインの島田陽子扮する戸田まり子は明智光秀の三女・細川ガラシャ。フランキー堺の柏木矢部は江戸幕府の老中・本多正信、目黒祐樹扮する柏木近江は本多正純という具合。

音楽は巨匠モーリス・ジャールが担当。ゴールデングラブ賞のテレビシリーズドラマ部門で島田が主演女優賞、ブラックバーンが男優賞を受賞したほか作品賞も。さらにエミー賞でも作品賞や衣装賞をさらっている。

知的で可憐な笑顔の「和風キャラ」でいながら、楚々としたオールヌードの入浴シーンという相反した大胆さも人気になった理由だろう。

その後編集された映画版も全米公開され、島田が流ちょうな英語でアメリカ人の心をわしづかみにして、こちらもヒット。日本では１９８０年の11月から１２５分バージョンが東宝系で劇場公開。２０１７年には時代劇専門チャンネルでノーカット（計５４７分）の日本語字幕版が日本初放送された。

当初はジュディ・オングがまり子にオファーされた。ところが「魅せられて」が大ヒットし日本レコード大賞の本命に浮上したため、オファーを辞退せざるを得なかったと言う。

島田のギャラは2500万円だったそうだが、この年のロサンゼルス・タイム紙が選ぶ「80年に活躍した10人のひとり」に入り一躍時の人に。当時「全米の恋人」と呼ばれた。このドラマの放送時間になると飲食店の客が減るといわれたそうだから凄い。

このドラマのお陰で日本食への人気が高まり寿司店が認知されたともいわれる。島田のギャラもこの大ブレイクのお陰で跳ね上がり、映画が1億6000万円以上、CMの出演料も1億円になった。

製作費30億円で紀北町の紀伊長島地区豊浦海岸に江戸湾のセットを200人がかりで作った。撮影はほとんどが日本国内で行われた。今でも外国から紀北町を訪ねてくる人がいるそうだ。

続く「リトルチャンピオン」(81)「ハンテッド」(95)と活躍が途切れることはなかった。

余談になるが2013年にはフォックス放送がリメイクを発表。原作者の娘・ミカエラ・クラベルが製作総指揮ということに。このリメイク版では澤井杏奈にまり子役が巡ってきた。他に真田広之が製作も兼ねて虎長役に、コスモ・ジャービスがブラックソーン、浅野忠信が柏木に。

原作は1980年にTBSブリタニカから全3巻(宮川一郎訳)で刊行されている。

「犬神家の一族」(1976年、市川崑監督)

■3人の男から結婚を迫られた結果は?

言わずと知れた横溝正史の長編推理小説が原作で、映画化もこれが初めてという記念碑的作品だ。石坂浩二がヨレヨレの羽織はかま姿にとっぽいお釜帽をかぶり、ポリポリ頭を掻きながら登場した金田一耕助シリーズの第1作。原作通りの姿で現れる初めての作品となった。

当時映画製作に強い意欲を持っていた角川春樹は最初、松竹に出資してもらい「八つ墓村」を作ろうと持ち掛けた。だが松竹からけんもほろろの対応をされて怒った。そこで東宝に企画を持ち掛け、この作品に変わったと『完本 市川崑の映画たち』(洋泉社)にある。こうして角川春樹事務所第1回作品は動き出した。出版社が映画を作るというのは前代未聞。角川は「映画を当てれば本が売れるというのは分かっていますから。映画は本を売るための巨大なコマーシャルと考えればいい」とNHKの番組「アナザーストーリーズ」で語っている。したたかな商売人の顔だ。「読んでから見るか、見てから読むか」というキャッチコピーはまさにこれ。

当初出来上がった脚本があまりにオカルト趣味となっていたので角川は気に入らず、市川崑に頼むことにした。それというのも市川は久里子亭(アガサ・クリスティーのもじり)という共同のペンネームで書くほどミステリー好きだったからで、本人もいつかミステリーを撮りたいと思っていたそうだ。

原作の改定は横溝自身に承諾を求めると「あんたなら安心やから、任しときます」と快諾。これで「アメリカ帰りの名探偵」から「神の使いのような無名の風来坊」という探偵が出来上がった。

主演も二枚目半で透明感のある役者がいいと考えた市川はテレビの人気投票でもダントツ1位だった石坂浩二に白羽の矢を立てた。

面白いのは犬神松子役にオファーされた高峰三枝子だ。シナリオを読んで「こんな人殺しの役はいやだ」と始めは乗り気でなかったが、説得されて引き受けたものの、その頃は歌手として活躍していた彼女。立ち振る舞いがどうしても役者とは違う動作になったので市川も困ったという。ところがあるシーンを撮影中、胸にかかるはずの血糊が手違いから顔にかかってしまった。するとそれから見違えるように演技がよくなったという。嘘のような本当の話だ。

この映画には有名なシーンがいくつもある。佐清《スケキヨ》の白いお面や、湖から逆さでニョキッと突き出た二本の足がそれ。以後、各方面でパロディーに使われるほどインパクトがあった。この逆さ死体を演じているのは、何と猿蔵役・寺田稔のスタントをしていた青木湖の湖畔に建つ旅館のご主人だ。

宮部みゆきは湖に行くたびにこの「シーンを思い浮かべる。足が出てきそうで怖い」と自著で明かしている。それを聞いた編集者は「全国の湖に足のオブジェを浮かべて、決まった時間になったら動かすというのはどうだろう」と冗談を言ったそうだ。

ストーリーはこうだ。旧家の名士、犬神佐兵衛は莫大な遺産を残して死んだ。家族が揃う中で公開された遺言状には、佐兵衛の恩師の孫娘である野々村珠世と結婚した者に遺産を相続させると書かれていた。すると佐兵衛の3人の息子たちは珠世をわがものにしようと画策するのだが、そこで連続殺人事件は起こった——。

原作と映画にはかなり差異がある。いくつか挙げてみよう。

野々村珠世（島田陽子）が佐兵衛の孫だった原作では神主がそれを暴露するが、本作では内密にしたまま明かさない。青沼静馬（佐清と二役＝あおい輝彦）が珠世と叔父姪の関係と知って結婚できないという設定はなくなっている。犬神松子（高峰三枝子）が佐清と珠世を結婚させようとするが、珠世は「この佐清は偽者だ」といって拒絶する。

物語は島田陽子をめぐる3人の男という話で、彼女を中心に展開していくのだが、その演技が石坂・金田一を引っ張っていくのは明白。怯え方ひとつにしても目を見張るものがある。

当時篠ノ井線では汽車が走っていなかったので、ラストで金田一が乗る汽車は映っていない。

監督の岩井俊二は「この映画は自分の映画作りの教科書だ」と語っている。映画史に革命を起こしたと言われるのもあながち大げさではない。

石坂×市川コンビによるこのシリーズはその後も「悪魔の手毬唄」「獄門島」「病院坂の首縊りの家」と4本作られることになった。06年にはこのコンビでリメイクも。

配収は15億6000万円の大ヒット。角川春樹のほくほく顔が目に浮かぶようだ。

⑩日本美女目録②〜原節子

■撮影中にドイツ人監督が見学にきてヒロインに

「わが青春に悔なし」（1946年、黒澤明監督）

「永遠の処女」と言えば伝説の女優・原節子のことに決まっている。日本の映画史に燦然と輝く名前だ。その生誕100年を祝って彼女にまつわる逸話を書きだしてみようと思う。

本名は會田昌江。1920年6月17日に保土ヶ谷で生まれている。7人兄弟の末っ子で、次女の夫が映画監督の熊谷久虎であったことから、彼に勧められて日活に入社し、こうして女優人生が始まった。1935年に田口哲監督の「ためらふ勿れ若人よ」で映画デビューしている。この時の役が「節子」だったことから芸名をつけた。

キネマ旬報社のアンケートでは「20世紀の映画スター・女優篇」で1位を獲得するほど人気があった。

それはさておき代表作は数々あるが、その中でもひときわ重要な作品「わが青春に悔なし」から始めてみたい。

簡単なストーリーからいこう。軍国主義が台頭し、次第に世の中がキナ臭くなっていく昭和8年、京大の教授・八木原（大河内傳次郎）は娘・幸枝（原）と教え子らを伴ってピクニックに出かけた。

その中でもひときわ優秀な糸川（河野秋武）と野毛（藤田進）はいつも口論ばかり。だがそのふたりは以前からひそかに幸枝が好きだった。そんな折、大学で騒動が起き自由主義者の八木原は詰め腹を切らされ大学をクビになる。

やがて八木原は弁護士、糸川は検事になり、野毛は左翼運動へとそれぞれの道をたどることになる。幸枝は野毛と所帯を持つが幸せは束の間。野毛は反戦運動を扇動したとして軍からにらまれ逮捕・投獄されてしまう。

この映画は終戦の翌年ということもあって、民主主義を体現せよというGHQからのおふれを見事にまとった〝アイデア映画〟と言えよう。

だから1933年に京都帝国大学で起きた思想弾圧事件（滝川事件、または京大事件ともいう）と、リヒャルト・ゾルゲを首謀者とする旧ソビエトのスパイ組織が1942年に逮捕されたゾルゲ事件を映画のモデルとしている。とりわけゾルゲ事件では近衛内閣のブレーンでもあった、元朝日新聞記者の尾崎秀実がゾルゲの一味であったとして処刑されたことは社会的にも大きな波紋を呼んだ。

面白いのは米国爆撃調査団というものが京都を訪れてこのロケをフィルムに収めたこと。貴重な資料がカラーで残っているのだ。

原節子自身も戦前は「ハワイ・マレー沖海戦」や「望楼の決死隊」など、多数の戦意高揚映画に出演したので、戦後は責任を感じてひどく落ち込んだ時期もあったようだ。だが考えてもみれば会社が軍部の意向を汲んで作るという方針をとったのだから仕方がないことだろう。

「河内山宗俊」という映画を撮影中にドイツ人の監督アーノルド・ファンクが見学に来たことがあり、その時彼女を見て「新しき土」という日独合作映画のヒロインに抜擢したことがあった。その映画は完成後、原自身がシベリア鉄道でドイツまで観に行き大絶賛されたというから、そこでも国策映画に利用されたわけだ。

さて本作に戻る。労働組合の圧力により黒澤監督が後半の展開を大幅に変更せざるを得なかったという。特に農村での場面からは黒澤監督のそれに対する怒りが伝わってくる。後に黒澤は「題名とは逆に、大いに悔あり」と笑えないジョークを言っている。

それと、講堂の学生の中に映画評論家の故・荻昌弘さんがまぎれこんでいる。

岩本憲児の『批評史ノート』によれば、黒澤の演出力は認められたが、原節子のトリッキーともいえる自我の強い女性像には賛否両論あったそうだが、これも終戦直後の安易な女性自立論の押しつけかも知れない。

余談になるが2012年公開の「踊る大捜査線 THE FINAL 新たなる希望」で深津絵里が内田有紀にこの映画のブルーレイディスクを手渡すシーンがあるので興味のある方は確認されてはどうか。

■小津が名言「日本の女優として最高」

原節子はとりわけ小津安二郎監督に愛された。都合6本の映画に主演しているのがその証拠だ。これは山本薩夫監督の7本に次いで多い。

「原は大根だ」と叩かれた時にも小津監督は「大根と評するのはむしろ監督が大根に気づかぬ自分の不明を露呈するようなものだ。実際お世辞抜きにして、日本の映画女優としては最高だと私は思っている」と擁護した。

原は自分から引退するとは明言していない。だから高橋治は「小津の死に殉じるかのように」身を引いたのだと言っている。

他にも「老いてゆく姿を人前にさらしたくない」とか「撮影用のライトで白内障を患った」など、銀幕から消えた理由には諸説あるが、53年に「白魚」という作品を御殿場駅で撮影していた時、実兄で東宝のカメラマンだった會田吉男が目の前で列車にはねられて亡くなるという事故を目撃している。それ以後体調を崩し、62年の「忠臣蔵　花の巻・雪の巻」で演じた大石内蔵助の妻役が最後の出演となったことから、それが原因ではないかとも言われる。

「東京物語」(1953年、小津安二郎監督)

本題に戻ろう。この映画は尾道に暮らす周吉（笠智衆）と妻のとみ（東山千栄子）が東京に暮らす子供たちを訪ねて上京することから知る家族の絆、老いの孤独を冷徹に見つめた作品だ。

長男の幸一（山村聡）も長女の志げ（杉村春子）も仕事に追われて両親のことをろくにかまってやれない。周吉もとみも疎外感にさいなまれる。それを救ってくれたのは戦死した次男の嫁・紀子（原）だった。紀子は仕事を休んで2人を東京観光に連れ出す。こうして老夫婦は心晴れやかに帰郷したと思われた。しかし数日後、子どもたちのもとに、母のとみが危篤だとの知らせが届く。子供らが尾道の実家に駆け付けた時には、とみは亡くなっていた。志げは次女の京子（香川京子）に「母の形見が欲しい」と相談するがそれらしいものはない。しかも子どもらは葬儀が終わる間もなくサッサと帰ってしまう。残った紀子に周吉は妻の形見の時計をそっと渡す。そしてがらんとした部屋から尾道の海を眺めるのだった……。

なぜ尾道が選ばれたのかと言うと、東京からちょうどよい距離にあったからのようだ（当時、列車で15時間ほどかかった）。

小津はこの映画について「アメリカのレオ・マッケリー監督の『明日は来らず』を下敷きに、日本の感性を盛り込んだ」と語っている。

57年にはロンドンで公開されサザーランド杯を受賞しており、これにより小津の名が世界に知られるきっかけとなった。

ヒロインの紀子という名前は「晩春」（49年）、「麦秋」（51年）と同じためこの3作を「紀子3部作」

と呼ぶらしい。

そしてローポジションで固定した独特のカメラワーク。それから「小津調」と呼ばれるようになった。この感性にヴィム・ベンダースやホウ・シャオシェン、ジョゼッペ・トルナトーレといった監督が共感しオマージュ作品を撮っていることはあまりにも有名。

実は残念なことにこの作品はオリジナルフィルムが現存しない。１９６０年に横浜シネマ現像所が火災で焼失してしまったからだ。その後16ミリネガから35ミリに起こしたデュープネガを、松竹がデジタル・リマスター版として修復した。そして小津の生誕１１０年を記念してブルーレイで発売された。

この修復の模様はＮＨＫでドキュメンタリーとして放送されたから見た方もいるだろう。72年にはニューヨークで公開されＮＹ近代美術館に収蔵された。２０１2年には英国映画協会の雑誌で、映画監督が選ぶ史上最高のベストテンに何と1位として選出されている。日本の誇る映画ではある。

■打ち上げ花火、かもめ、アニメ…随所に斬新な手法

「青い山脈」（1949年、今井正監督）

「若～く明るい歌声に雪崩は消える花も咲く～」

この主題歌を藤山一郎が歌い、知らない人などいないほど誰もが口ずさんだものだ。この映画で一躍、国民的愛唱歌になった。作詞は西条八十、作曲は服部良一。

原作は青春ものの大家・石坂洋次郎のベストセラー小説（1947年6月から10月まで朝日新聞で連載）。新しいものにはすぐ時代が飛びつく。だから5回も映画化されている。

49年を皮切りに、57年は久保明＋司葉子（東宝）、63年は吉永小百合と浜田光夫（日活）、75年が三浦友和と片平なぎさ（東宝）、88年が舘ひろしと柏原芳恵（松竹）だった。もちろんその中でも一番評判の良いのがこの原節子と池部良の49年版だ。以降のリメイク版はこの井手俊郎の脚本によっている。

だが製作に至るまでにはドタバタ劇が。

映画化権を松竹と東宝が争い、松竹がエースの木下恵介の監督で迫り、一時は松竹に軍配が上がりそうになったのだが、原作者が「東宝でいきましょう」とツルの一声、東宝が逆転で獲得。ところが当時の東宝は労働争議の真っ最中。組合は「プチブル作家の原作でブルジョア映画を作る気か」と反

対をぶち上げた。そこで今井監督は「男女が手をつないで歩くだけでも作る価値がある」と説得した。戦後4年、それまでの価値観をくつがえすにも絶好の機会と映った。

正・続2本に分かれ7月19日に93分、続編は26日（84分）連続の公開となった。

ストーリーは、戦後も残る封建的な考えに、若い英語教師が民主主義という新風を吹き込もうと奮闘するというもの。

ある田舎の駅前に金物商の丸十商店。そこへリュックにお米を詰めた女子学生・寺沢新子（杉葉子）が訪れ「現金がないので、母がこれで学用品を買いなさいと言われた」という。留守番をしていた金谷六助（池部良）は喜んでドイツ語の教科書を放り出しお米を炊いた。この2人がいちゃついているところを町の有力者の娘が見て嫉妬することから問題が大きくなってゆく。

そんな新子にラブレターが届く。英語教師の島崎雪子（原節子）はこれが悪質ないたずらだと気づき、生徒を追求した。すると犯人の松山浅子（山本和子）は、風紀を守るためにしたのだと主張。雪子はそんな古い考えは正さなければいけないと教える。しかし教員の中にも雪子の新しい考えは民主主義のはき違えだと反感を持つ者もいて、新旧勢力の分断があらわになってゆく。それが新聞ざたになり、ついにヤクザもからんだ暴力事件に発展してしまう。

脚本家の井手俊郎は歌舞伎に精通していたらしく、「ラストは忠臣蔵でいきましょう。最後にみんなで自転車に乗って引き上げる。これ、泉岳寺の引き上げる場面です」と歌舞伎の十二段返しを想定、何とそれが採用された。解放された戦後の時代を力強く堂々と生きる意味を持たせたかったという訳だ。

恋文を読み上げる部分も有名になった。

「変しい、変しい新子さま。ぼくは心からあなたを変しているのです」が、もちろん「恋しい」の間違いであり、その後に出てくる「脳しい」も「悩ましい」の間違いなのだが、自由恋愛が許されなかった戦前、若者には恋などという文字すら教えられなかった。今井監督のユーモアが光る部分だ。また劇中、打ち上げ花火やカモメにアニメを使っているのは今井監督らしい斬新な考えだ。ほとんどが下田市で撮影された。

ただ、準ヒロインでもあるモガの原節子の「家のため国のためと言って、ひとつの考えにはめ込もうとする。今までの日本人の暮らし方で一番間違ったことなんです」と主張する言葉に立場が集約されてる。

だが、旧制の学制と現在の学制の違いを考えると違和感がある。旧制の女子大出と言えば私立大学のことだからお嬢様に違いない。それが戦後数年で急にこんな革新的な考えになるだろうかと疑問が涌く。

劇中歌として「恋のアマリリス」という歌が出てくるが、これは二葉あき子が歌っている。

■市井の所帯やつれした奥さん役で新境地

「めし」（1951年、成瀬巳喜男監督）

これも原節子の代表作と言える。何しろ上原謙と原節子という大スターがしがない長屋暮しの庶民的な夫婦、それも倦怠期の危うい関係を演じたのだから話題にならない方がおかしい。

原にしても、これまでのお嬢様役から一転、市井の所帯やつれした奥さんという役を演じて新境地を開いた作品。

原作は林芙美子。同年4月から朝日新聞に連載されたものだが、著者の林が6月28日に急死してしまうというアクシデントに見舞われた。結局連載は150回の予定が97回で終了せざるを得なかった。そして未完の絶筆のまま10月に朝日新聞から単行本として刊行。

それでも映画化の話は進み、成瀬巳喜男、田中澄江、井手俊郎らが書き継ぐこととなった。問題となったのはラストの部分。原作者の林がどう終わらせるつもりだったのかはメモも残されていなかったので不明だ。だが東宝の上層部は離婚だけは困ると釘を刺した。そこで仕方なく夫は元のさやに収まることで決着がついた。

舞台は大阪の南のはずれ。証券会社に勤める岡本初之輔（上原謙）と妻の三千代（原節子）は大恋愛の末に結ばれた、周囲もうらやむ美男美女のおしどり夫婦……のはずだった。5年をすぎた今は会話もない倦怠期の夫婦だ。同窓会に行っても他の夫婦の話を聞くたびに失望感だけが大きくなる三千代の気持ち。かつては自分も裕福な暮らしをしていたのにということが話の端々から伝わってくる。それだけに今の生活とのギャップにますます落ち込むのだった。

そこへ初之輔の姪・里子（島崎雪子）が転げ込んできて居座る。彼女はわがままで奔放な性格だった。近所の男や隣の2号さんと遊び呆ける毎日。その上初之輔にまで気のある素振りを見せる。三千代はその自由さがしゃくにさわるのだ。怒ってついに東京の実家へ帰ってしまう。ところがそこへも里子が「泊めて欲しい」と現われた。実家の妹の夫・信三（小林桂樹）は初之輔と違い、ぴしゃりと里子をはねつけた。そこで三千代も、自分が邪魔ものだという事に気づくのだった。

当時、成瀬巳喜男監督はスランプに陥っていた。そこへ、この映画化の話。心機一転何とか巻き返したかった。そこでこの「倦怠期の夫婦」という地味でネガティブなテーマを軽妙な演出で良質なホームドラマへと仕上げ、明るく描いて見せた。公開してみれば大ヒット、スランプなどどこへやら。見事などんでん返しだった。

この年の毎日映画コンクールでは映画大賞と主演女優賞など。ブルーリボン賞でも作品賞ほか脚本賞、主演女優賞をそうなめしてみせた。

もちろんそれは上原×原の強力コンビのおかげだが、それ以上に強力な助っ人がいた。それは川端康成が監修したことだろう。やがてノーベル賞（68年受賞）作家として世界に名を馳せるわけだが、その練習台としても、とてもよいアレンジだったと好評。さすがというべきか。

当時大映専属だったが仕事にあぶれていた小林桂樹が、スケジュールがつかなかった伊豆肇の代役で貸し出され、これが好評でその縁から東宝に移籍している。

監督も千葉泰樹が手掛けることになっていたが、都合がつかず成瀬が脚本の延長でやることに。これで成瀬が復活したといわれた。何がきっかけで再生するか分からないのが人生だと、つくづく思う。

林芙美子は「くいだおれ」という居酒屋の常連客で、そこで原稿を書いていたというから凄い。だから「くいだおれ」では、お礼がわりに林さんを偲んで映画の宣伝を自主的にした。大阪商人の心意気か。

ただ、林ファンからは「本人はこんなラストを想定はしていなかったはずだ」と映画会社に抗議の手紙が多数寄せられたというが、こればかりは当人不在で分からない。林芙美子も天国で苦笑いしていることだろう。

昭和26年度の芸術祭参加作品にもなっている。

■引退を決意させた小津監督の死

「小早川家の秋」（1961年、小津安二郎監督）

この映画は原節子と小津監督コンビの最後の作品となった。

当時、大手映画製作会社には「五社協定」（松竹、東宝、大映、新東宝、東映）というものがあって、お抱えの監督や俳優へのしばりがあった。（後に日活が加わり新東宝が倒産するまでの3年間は六社）が、これは1971年に自然消滅した。

さてそんなことから松竹の看板監督で専属だった小津は本来なら撮れないはずだが、東宝の藤本真澄プロデューサーはもともと小津ファンであり、この映画が宝塚映画（現・宝塚映像）創立10周年記念だったことから巨匠を招聘することに成功した訳だ。

それも「早春」（56年、松竹）という映画に東宝のエース、池部良を貸し出した時、製作本部長の森岩雄から池部に「小津先生に気に入られて、東宝に来てくださいとお願いしてきなさい」という秘密指令を出していたというから面白い。これは池部が著書『心残りは…』という文春文庫の本に詳しく書いている。ということで小津の東宝唯一の監督作が誕生したという謎が解ける。

正しくは「こはやかわ」と濁らないそうだ。あらすじはこうだ。

京都の造り酒屋。長男の未亡人・秋子（原節子）に親戚の叔母から再婚の話があった。次女の紀子

（司葉子）にも縁談話が。しかし紀子は大学の友人・寺本（宝田明）が好きだ。同じころ当主の万兵衛（中村鴈治郎）が家族に内緒でコソコソと出かけて行くので、不審に思った経営を取り仕切っている長女（新珠三千代）と亭主の久夫（小林桂樹）が調べると、万兵衛はかつて愛人だった佐々木つね（浪花千栄子）の家に通っていたことが判る。万兵衛はつねとその娘百合子（団令子）に会うことで心の安らぎを得ているのだった。しかしそんなある日、万兵衛がつねの家で倒れ、死んだ。葬式の日、紀子は寺本の札幌転勤についてゆく決心をするのだった。

この撮影で小津は新珠三千代が気に入り、「松竹の次回作に主演してくれ」と頼んだそうだが、逆に森繁久彌のようなアドリブが得意な役者は苦手で敬遠したという。森繁は、それを知ってわざと小津を困らせてやろうと「（難しい）競輪（のシーン）なんてとれやしないさ」と聞こえよがしに言ったというエピソードもある。

ラストで葬儀の列が橋を渡るシーンのあるカットで川の流れが逆になっていた。試写を見ていてそのミスに気がついたのはプロデューサーの藤本真澄だけだった。

この映画には宝田明を始め、新珠三千代、小林桂樹、団令子、藤木悠など東宝お抱えのスターが総出演している感があるが、これは藤本が小津さんにその個性を引き出してもらいたいと考えたこその計算だった。

原は晩年鎌倉で暮らし２０１５年９月５日に亡くなったが、マスコミがそれを知ったのはそれから

2か月半も経ってからだ。「東京物語」の時にも書いたが、原は正式に引退宣言をしていない。「忠臣蔵 花の巻・雪の巻」(62年、稲垣浩監督、東宝)で大石内蔵助の妻・りくを演じたのを最後にひっそりと栄光の舞台から姿を消したのだが、岡田茉莉子は「きっと畳の上で芝居がしづらくなったから」と語ったことがある。

この映画に農夫の役で出ている笠智衆は「きれいなだけじゃなく演技も上手でした。ほとんどNGを出しません」「普段はおっとりとして、気取らない方でした。美人に似合わずざっくばらん。撮影の合間に大きな口を開けてアハハと笑っとられたことを覚えています」と述べている。名優・笠智衆でさえ原節子は伝説の女優なのだ。

小津が63年に亡くなった時、本名の會田昌子でひそかに弔問に訪れ、ある新聞のインタビューに「せめてもう一度、先生とご一緒に精一杯の仕事ができたらと、それだけが本当に心残り」と語っているが、これこそ引退を決意させた本当の理由ではないだろうか。

⑪日本美女目録③～夏目雅子

■一世を風靡した「なめたらあかんぜよ！」

「鬼龍院花子の生涯」（1982年、五社英雄監督）

誰からも愛されながら早世した、女優・夏目雅子の代表作を偲んでみようと思う。

まず宮尾登美子の長編小説が原作の『鬼龍院花子の生涯』。宮尾の父は花街の置き屋の紹介人だった。そのためたくさんの日記などを記録として書き残していた。その数14冊にも上ったという。その中にやがて小説の主人公となる鬼頭良之助こと森田良吉の名があった。

宮尾によれば、当時まだ森田本人が生存していて、取材にはとても協力的だったという。そこで聞いた話からこの小説はほぼ実話だと語っている。

小説は別冊文藝春秋に連載され評判になった。高知で大正・昭和を生きた侠客・林田恒吉＝鬼龍院政五郎（通称＝鬼政）とその娘・花子の波乱に満ちた生涯を、養女・林田松恵の目を通して書かれた50年間というスタイルをとっている。

妻の歌（岩下志麻）との間に子供がいなかった恒吉は松恵（少女時代＝仙道敦子、後に夏目雅子）を養女にする。阪神で明石家万吉の子分になり故郷に帰ってくると乾物商を表看板にしながら一家を構えた恒吉は、米騒動や土佐電鉄の労働争議など当時の社会情勢を巧みに乗り切り名を挙げてゆく。そして妾のつる（佳那晃子）を自宅に住まわせると、彼女は待望の娘花子を身ごもる。だが闘犬の試合から末長組組長（内田良平）の怨みを買い命を狙われることに。

やがて花子が大人になり山根組の権藤哲男（誠直也）と祝言を挙げるがそれもつかの間、ある抗争を境に警察の手入れを食らい、ほどなく哲男も亡くなり組は坂を転げ落ちてゆく。

何といっても夏目が劇中で啖呵を切る「なめたらあかんぜよ！」というあの有名なセリフが一世を風靡した。そして第25回ブルーリボン賞の主演女優賞を受けている。

そもそもこの作品の誕生にはとんでもない笑える秘話がある。東映の岡田茂社長は女性もターゲットにできる映画が作れないものかと考えていた。そこへ梶芽衣子が「私が主演、増村保造監督でこの映画を撮れないか」と売り込んできたのが「鬼龍院花子の生涯」だった。

そこで東映の伝説のプロデューサー日下部五朗は岡田社長におうかがいを立てたが、「暗いよ、これじゃ当たらん」と即座に却下。岡田が無類の女好きなことを知っている日下部はそこで一計を案じた。

「土佐の大親分が一階に正妻、二階に妾を住まわしてやりまくる話ですよ」というと、たちまちＯＫが出たというのだ。「無頼派活動人生」という本の中でバラしている。また文化通信社とのインタビューには「映画は当たるも八卦、当たらぬも八卦ですから。判断と経験に頼るしかない。ピタッとそれがハマったのがまさにこれや『極道の妻』です」と語っている。

当時銃刀法違反や娘の交通事故、挙句は妻にも逃げられ自殺も考えていたどん底の五社だったが、岡田が「五社を使ってみてくれ」と救いの手を伸べた。

五社は若山富三郎と大竹しのぶの主演を考えたが大竹は「五社だと脱がされる」と嫌がり、仲代達矢とフレッシュな夏目雅子のコンビに決まった。岡田社長によれば、五社がやりたいと言ってきた宮尾の女衒《ぜげん》もの（「櫂」）は却下し、この「鬼龍院」を選んだ。ところが企画会議では猛反対を食らったので、キャストの問題だと考えて岩下志麻に電話で相談したところ夏目の話がひっかかってきた。そこで、これにせいと即決したというのだ。人生、案外そんなものかも知れない。

それにしてもこれが当たり配給収入11億円の大ヒットとなったものだから人生は分からないものだ。宮尾もこの映画のおかげで流行作家となった。五社は続いて宮尾原作の「櫂」も監督している。

夏目は撮影が終わると五社に「降ろされるのが怖くて秘密にしていましたが実はバセドー氏病でした。手術をするので休ませてください」と驚きの告白をしている。

一方、最初に案を出した梶芽衣子は若山富三郎の返事までもらっていたのに、突然の製作発表の上、自分の名前がないことで「日下部さんに横取りされた」と怒り、以後顔を合わせると避けるようになったという。

■意外なヒットで続編制作が決定したが…

「時代屋の女房」（1983年、森崎東監督）

原作は村松友視の小説で第87回直木賞を受賞。続編が2つあり、そのためかこの正編は文庫化の折「時代屋の女房・泪橋」と改題している。

主演で二役を演じた夏目の本名は西山雅子、旧姓・小達雅子。小3の時テレビドラマ「チコちゃんハーイ」を見て女優になりたいと思ったが母に猛反対された。しかし「ひまわり」のソフィア・ローレンに憧れて再び女優を目指すことにしたという。学生のころのあだ名は「ダテピン」。悪い点をとると「見て見て」と答案を友人に見せるオープンな性格だった。

舞台は東京・大井町にある骨董屋「時代屋」だが、この店は三叉交差点に実在した（後に区画整理のため広尾に移転している）。営むのは独身の安さんという35歳の独身男性。そこに現われた真弓という女性との恋物語がテーマ。

夏真っ盛りのある日、銀の日傘をクルクル回しながら野良猫を抱えた謎の女、真弓（夏目雅子）がその店に現われた。安さん（渡瀬恒彦）の心をとらえた真弓はたちまちその古物商に居つくことになった。

その古物商の取り巻きは、人はいいがお節介な変人ばかり。呑み屋「とん吉」のおかみ（藤田弓子）

はもと女子プロレスラーで、オヤジ（藤木悠）はプロレスの技をかけられても楽しそう。クリーニング屋今井の奥さん（初井言榮）が古いトランクを時代屋に持って行くと中から「二・二六」の日付の切符がでてきた。それは今井（大坂志郎）が昔ある人妻と駆け落ちしようと買ったもの。喫茶店「サンライズ」のマスター（津川雅彦）はウェイトレスのユキちゃん（中山貴美子）と肉体関係が。しかしそのユキちゃんはバーテンダーの渡辺君と二股をかけている。

そして真弓には妙な癖があった。家出をする癖だ。失踪するときは伝言を残しビクターの犬の置物をこれ見よがしに置いてゆく。３度目の家出では猫も一緒に消えた。安は彼女が戻るのを待つ間真弓と瓜二つの美郷と知り合い一夜を共にする。その美郷が故郷に帰ると、安は真弓が東北にいると風の便りを信じて探しに行くが……。

森崎監督は「シナリオを作らなくて映画を撮るというのは、映画を撮っている気がしませんね」と語っている。実際には荒井晴彦と尾長啓司に加えて森崎監督の名もクレジットされているのだが、どうやら先のふたりにシナリオの主導権を奪われていたのが真相らしい。

真弓を探しに岩手の宿まで来た津川雅彦と平田満のやり取りが、コメディという枠を超えて絶妙という意見が多かった。

傘、歯ブラシ、涙壺、犬の置物、トランクといった小道具の使い方に森崎のセンスが光る。

最初、併映として根岸吉太郎監督の「俺っちのウエディング」が予定されていた。がなぜか急にリバイバルの「蒲田行進曲」に変更され、「俺っちの――」はゴールデンウィークへ回された。結果、当時の「キネマ旬報」は、監督も配役も派手さがないこの2本では興行収入はせいぜい3～4億円がいいところだろうと予想を立てていたそうだ。が、公開してみれば9億円というそれなりのヒットになり嬉しい誤算に。

この「時代屋の女房」は小説の続編が2つあると書いた。このヒットに味をしめた松竹は85年に長尾啓二監督で「時代屋の女房2」を作った。しかしその舞台裏ではとんだドタバタが演じられることに。というのは前にも書いたが85年2月から夏目雅子がバセドー氏病の手術のため秋まで入院しなければならなくなったから。

そこで代役は名取裕子に白羽の矢が。ところがその前に名取は「ひとひらの雪」のヒロインに決まっていたから「ひとひら――」の製作陣は大混乱に。結局こちらの代役は秋吉久美子に落ち着いたがとんだ玉突き衝突事故となった。

映画がヒットすればするで、すったもんだが起きるようだ。

■過酷ロケの中でも、ひときわ目を引く演技

「二百三高地」（1980年、舛田利雄監督）

夏目雅子は何といっても1977年から放映されたカネボウ化粧品のキャンペンガールで注目度がアップ。女優デビューはその前年、テレビドラマ「愛が見えますか」の盲目のヒロイン役だった。486人の中からオーデションで選ばれたものの、いざ撮影になると57回連続でNGを出し「お嬢さん」と揶揄されたのは有名な話。その後の活躍を考えると信じられない。

映画初出演は「トラック野郎・男一匹桃次郎」(77年)だが、同年歌手としてもデビュー。この時のディレクターが伊集院静だったのは運命というべきか。

そして2本目の映画出演がこの「二百三高地」だ。もちろん日露戦争で旅順港攻略のための攻防戦を描いたもの。第三軍司令官だった乃木希典（仲代達矢）と、その第三軍に招集された、ヤクザや太鼓持ちなど兵士たちの悲惨な姿を描写している。

金沢の小学校教諭で平和主義者の小賀武志（あおい輝彦）は、ロシア文学を愛し神田ニコライ堂に通う青年だった。ある日戦争に反対する運動家たちが暴漢に襲われるところに出くわす。その反戦運動家の中に松尾佐知（夏目）がいた。彼女を救ったことから2人はねんごろになる。

だが小賀が召集され少尉として戦地に赴くことに。小賀は、帰国したら一緒になろうと佐知と約束

を交わすが、戦場で悲惨な現実を見てロシアに対する考えが変ってゆくのだった。

一方教員の資格があった佐知は小賀の後任として教師になる。そして身寄りのない子供たちを預かる赤十字社から脱走してきた子供たちをかくまい引き取ることに。

映画の発端は岡田茂社長が「明治天皇をやろう」と言い出したから。しかしすでに「明治天皇と日露戦争」など、すでに5本もあったので会議で営業から「いまさら」「当たらない」と猛反対された。脚本家の笠原和夫にダメもとで依頼すると「乃木将軍を中心にしたら」と言われシナリオを検討、最初はスウェーデンに行った陸軍大将の明石元二郎や、イギリスに行った高橋是清、アメリカに行った伯爵の金子堅太郎もからめたが、長すぎるためカット。旅順戦を中心に書くことに決めた。岡田社長も「乃木希典の映画はこれまでなかったはず」と納得。

しかし問題は製作費だった。当時の映画は2～3億円が相場。黒字を出す監督として信頼の厚かった舛田監督に打診すると「20億円くらいないとちゃんとしたものは作れない」という。

当時の東映東京撮影所長の幸田清はそこで「13億5000万円」というウソの予算を練り上げ、岡田に提出した。岡田はそれを見抜いたがさすが経営者、交換条件を出した。「前売り券を10万枚売れ」。幸田は後に『活動屋人生こぼれ噺』という本の中で「彼がいなかったら出来ない映画だった」と語っている。

結局3年の歳月を費やし、史実に忠実で完璧なシナリオを作り上げた。執念としか言えない。製作費は15億円で収まり、配給収入は18億円と収まるところに収まった。

音楽監督の山本直純は主題歌をさだまさしに依頼したが「勝ったとか万歳を書くんですか」と聞かれ「そうじゃない。人間の小さな営みを浮き彫りにした映画にしたい」と答え、ようやく承諾。それで名曲「防人の詩」が生まれた。

たしかに軍国主義賛美ではないかという風評から出演拒否する役者がたくさんいた。乃木役には仲代達矢をお願いしたが外国ロケがあるという理由で断られ、丹波哲郎に話を持っていった。丹波はやる気満々だったが岡田はそれを聞くと「バカ野郎」と一蹴した。キャラが違い過ぎるのが理由だった。結局丹波に頭を下げ仲代が帰国するのを待つしかなかった。

実際の戦闘は冬だったが旅順要塞の野外セットは伊豆大島に作られ、撮影は真夏。俳優陣は炎天下に冬服を着て汗だらだら。ワンシーンごとに裸になって汗を拭かねばならず、すごく体力を消耗したという。

戦闘シーンでは当時まだなかった曳光弾が使われたり、大陸では黄色は目立つという理由から日露戦争中に陸軍はカーキ色の軍服に変わったのに旧来の色のままだった。予算の都合で変更できなかったというから仕方ないか。

■皮肉！遺作となった作品で優秀主演女優賞

「瀬戸内野球少年団」（1984年、篠田正浩監督）

原作は阿久悠の自伝的小説3部作の第1部。文藝春秋に連載され直木賞候補に。

この映画が夏目雅子の遺作となった。同年公開の「北の蛍」ではナレーションをしているが、出演作としてはこちらが最後の作品。1985年9月11日没。弱冠27歳。

「がんばれベアーズ」や「二十四の瞳」へのオマージュのような作品。米兵に「ギブミーや、ギブミーしてんか」と少年たちがいうシーンは印象深い。85年にテレビで放送された時には、視聴率はなんと25・3パーセントを叩き出したというから、人気ぶりがうかがえる。

舞台は終戦直後。中井駒子（夏目）は瀬戸内のある島で国民学校の教師をしている。夫・正夫（郷ひろみ）は元高校球児だったが戦争に行き帰ってこないままだ。

島にも進駐軍がたくさん押し寄せ我が物顔で行き交うようになった。子どもらもそれを心配そうに見つめている。駒子は敗戦で意気消沈している子どもたちを元気づけるために何とかしようと考えている。それが野球だった。さっそくチームを作り練習を始める。

「私たち、野球をやりましょう！」

こうしてどもたちの心がひとつに。

そのころ駒子は戦死した正夫の弟・鉄夫との再婚を勧められるが、まだ正夫のことが忘れられず断っていた。

実は正夫は島に戻っていたのだが戦争で片足を失くし、駒子のもとに帰るのをためらい隠れていたのだ。しかし、友人と出会ってしまい駒子への手紙を託す。ところが駒子は会うことを拒否する。それは正夫の弟に無理矢理体を奪われて罪悪感にさいなまれていたからだった。

そんなある日、進駐軍が野球に興じているのを目にしたことから親善試合をすることになった。グレン・ミラーの「イン・ザ・ムード」が流れる場面では夏目の凛とした姿が美しい。

郷の弟役はこれが映画デビューの渡辺謙。この時郷が29歳、渡辺は若干25歳だった。27歳で白血病で亡くなった夏目だが渡辺謙も白血病になっている。これもなにやら因縁めいている。

この作品でブルーリボン賞の作品賞ほか、夏目は第8回日本アカデミー賞の優秀主演女優賞に輝くなど10冠を達成。オーラスに花を添えた。

ロケは岡山県笠岡市にある真鍋島他、香川県の金毘羅宮、兵庫県や徳島県の旧校舎で行われた。

バラケツの兄という役で共演した島田紳助は「親元から離れている子役たちが寂しがっているだろうと、夏目さんはお風呂に一緒に入って背中を流してあげた。気配りのできるいい人だった」と偲んでいる。

さらに紳助はジョークで子どもの一人に「また夏目さんとお風呂に入ったら、このビンにそのおふろの湯を入れてきてくれ」と頼んだとか。

東映の岡田茂社長は2003年に行われた「永遠の夏目雅子展」を訪れたさい「ウチの映画はまだDVDになっとらんのか」と怒ってすぐに「二百三高地」「トラック野郎」「大日本帝国」などをDVD化させたという逸話も。

阿久悠の故郷、洲本市五色町のウェルネスパーク五色高田嘉兵衛公園内に「あのとき空は青かった」という文学碑と銅像が設置されている。

10年後を舞台にした「瀬戸内少年野球団・青春篇　最後の楽園」と「瀬戸内　ムーンライト・セレナーデ」が「瀬戸内三部作メモリアル」としてDVDボックスになって発売されている。それにしても惜しまれる早すぎる死だった。

主題歌を歌うクリスタルキングの「瀬戸内行進曲（IN THE MOOD）」はグレン・ミラー楽団による代表曲としても知られている。

配給収入8億4000万円と言うのはちょっと淋しいか。

⑫これが世界のミフネ伝説

■態度の悪さが黒澤に気に入られ黄金コンビ誕生

「酔いどれ天使」（1948年、黒澤明監督）

言わずと知れた日本が誇る世界的大スター・三船敏郎。まず簡単な履歴から行こうと思う。

三船敏郎は本名。中国山東省の青島に大正9年4月1日に生まれている。父は漢方医の息子だったが家業を継げず満州に渡った。そこで写真館を経営していたが病に倒れ息子の三船がカメラマンを継ぐことになった。昭和15年に徴兵で腕を見込まれ航空部隊の写真班に。だがいつも上官に反抗的であったため古参上等兵のまま特攻隊基地で終戦を迎えた。

映画界に入ったのは、先輩兵から終戦になったら撮影助手として雇うから砧（東宝の撮影所）へ来いと言われていたからだったが、何の手違いか俳優志願者として面接を受けることに。

だが態度が悪かったため不合格。ところがその場に居合わせた高峰秀子が三船の態度に大物の片りんを嗅ぎつけ？黒澤明監督にそれを伝えた。すると飛んできて「専門家の監督と門外漢が同じ1票ではおかしい」と不合格に異を唱えた。面接には当時監督と労働組合の両方から審査委員が出ていたのだ。委員長の山本嘉次郎監督も黒澤監督に同調して何とか補欠採用となった。その時の山本監督は「彼を採用してダメだったら俺が責任を取る」と啖呵を切ったそうだ。

何しろ「笑って見てください」と審査委員に言われて「面白くないのに笑えない」と反論したそのふてぶてしさから将来の大物と見られたのだろう。

後年、黒澤監督は自伝『蝦蟇の油』で当時を振り返っている。

高峰秀子から「凄いのが1人いるんだよ。その男、態度が少し乱暴でね。当選すれすれってとこなんだ。ちょっと見に来てよ。」と言われ（中略）「そのドアを開けてぎょっとした。若い男が荒れ狂っているのだ」

何となくその驚きようが想像できる。高峰の助言で黒澤が駆け付け、山本が評決に反対しなかったら、この世界的大スターは誕生しなかったのだ。

こうして1947年に「銀嶺の果て」でめでたくデビューしたが、何といっても俳優・三船敏郎の名前を一躍広めたのは翌年のこの「酔いどれ天使」での演技だった。黒澤・三船黄金コンビがここに誕生した。主演は志村喬。

映画の舞台は終戦後の闇市。そこで必死に生きようとうごめく市井の人々とヤクザたちの世界。貧乏でアル中のような町医者・真田（志村）の所に松永（三船）が駆け込んできた。手を釘で刺したというが見るとそれは、闇市のショバ争いから拳銃で撃たれた跡だと判る。ヤクザが大嫌いな真田は罵りながらもケガの手当てをする。そして変な咳をする彼が結核に冒されていると診断。だが血気盛んな松永は真田の忠告など聞かず、虚勢を張り続ける。やがて兄貴分の岡田（山本礼三郎）が出獄してくる。と事態が動く。そして縄張り争いに女も絡んで、松永は次第にやけっぱちになり、ついには殴り込みを決心するがそれは自分の命を粗末にするだけだった……。

とくに医師と結核にかかった女学生の印象的な会話シーンがある。

「先生、理性さえしっかりしていれば結核なんてちっとも怖くないのね」

「うん、結核だけじゃない、人間に一番必要なのは理性なんだよ」

久我美子の若くてピチピチしたセーラー服姿を見られるのがいい。今と違い眉毛が太かったのが分かる。それでも可愛さは変わらない。この時三船は28歳。やせこけた頬にギラギラ鋭い眼光が見る者を釘付けにした。戦後の退廃的な雰囲気がピッタリ。これが評判となり三船を一躍スターダムに押し上げた理由が分かる。

挿入歌に使われている「ジャングルブギー」は当時ヒットしたから覚えている方もいるだろう。

この作品は、第22回キネマ旬報ベストテン第1位、第3回毎日映画コンクール日本映画大賞監督賞などを受賞。

■永田社長は賞をとったら「訳がわからん」から一転大絶賛

「羅生門」（1950年、黒澤明監督）

この映画も日本映画史に燦然と輝く記念碑的作品だ。というのはヴェネチア国際映画祭で金獅子賞や第24回アカデミー名誉賞などを受賞。黒澤と三船を世界へと押し上げたからだ。これ以後三船には海外から出演のオファーが殺到したが彼は国内の映画を優先した。

原作は芥川龍之介の有名な短編小説「藪の中」と「羅生門」を橋本忍が脚色したもの。人間のエゴイズムを追求した名作だ。

時は戦乱が続く平安の京都。疫病も流行し廃墟となっている。そこで男が3人。薪売りが山中で侍が死んでいたと旅の僧に語る。

多襄丸という盗賊が捕まり証言した。それによると女連れの侍・金沢を見つけその女が欲しくなった。うまくだまして侍を縛り上げるとその妻・真砂を手籠め（レイプ）にした。すると妻は夫と決闘して勝った方の妻になるというので打ち倒したが女は逃げたという。

続いて妻が証言する。夫の目の前で手籠めにされたあと、自分を汚いものを見るような目つきで見る夫に耐えられず、夫に殺してくれと頼んだが失神してしまい、気がつくと夫は殺されていたという。

次に役人は巫女を呼んで侍の霊を呼び出した。侍は妻が手籠めにされたあと、多襄丸が「女を殺すか生かすかお前が決めろと言った。無念のあまり妻の短刀で自害した」と言うのだ。

そこで薪売りは、みんな見栄と護身のため嘘をついていると言う。実は事件のすべてを見届けて真相を知っていたのだ――。

話の導き役・薪売りは志村喬、盗賊多襄丸を三船、武士・金沢を森雅之、その妻・真砂を京マチ子が演じている。映画をハデにするため大映は肉体派として売り出し中の京マチ子を押し込んできた。黒澤は当初この役を原節子にしたかったが、京が眉を剃り落としてまでテストに現れた気概に打たれ出演を了承したそうだ。

サラリーマンだった橋本忍は伊丹万作の弟子になりシナリオの勉強をしていたが、試しに書いた「藪の中」の脚本が巡り巡って黒澤監督の手に届いた。読んだ黒澤は映画にするには短いと考えて「羅生門」を抱き合わせた。

大映の永田雅一社長に持ち込むと永田は難色を示したが「セットでできるから」と説得。ところが大映京都撮影所前の広場に建てた羅生門のオープンセットは何と間口33メートル、奥行き22メートル、高さ20メートル、そこに1・2メートルの太柱18本という巨大なもの。しかも延暦十七年と彫った瓦4000枚のおまけ付き。重役の川口松太郎もこれには口をあんぐり。「黒さんに一杯食わされた」と苦笑いするしかなかった。

試写では永田社長が「訳が分からん」と怒って退席。総務部長を左遷したり企画者をクビにしてしまった。ところがヴェネチア国際映画祭で大評判になると手のひらを返したように大絶賛。当時周囲からは「黒澤のグランプリ、永田のシランプリ」と揶揄されたそうだ。

ここから大映はそれまでの娯楽路線から「源氏物語」「雨月物語」といった文芸大作路線へとシフトチェンジしていった。また日本の映画産業が国際市場でも闘えることを証明する記念碑的な映画ともなった。

後年黒澤がある雑誌のインタビューで「なぜ、三船ばかり使うのか」と聞かれ「あんな役者は日本中探しても他にいないからだ」と答えている。また「いなくなったらどうなる」と聞かれ「僕はもう映画を撮れなくなるかもしれない」とも。

アメリカやタイでリメイク版が作られ、1971年には松竹で三船の長男・史郎の主演による完全リメイクが計画されたが完成に至っていない。

この色々な視点から捉える方法を「ラショーモン・アプローチ」というそうだ。「羅生門効果」という学術用語にまでなっている。

今では多くの監督がマネするほどの手法になっている。まさに世界の「羅生門」と言っても過言ではない。

■セットでも実際と同じ予想外の出水事故が

「黒部の太陽」（1968年、熊井啓監督）

原作は木本正次が毎日新聞に連載したノンフィクション小説。

東宝から64年に独立した三船がプロダクションを設立、その2年前から石原裕次郎が社長を務めていた石原プロモーションとタッグを組み、劇団民藝が全面協力するという形で作られた作品。これはいわゆる動員映画、前売り映画として初めての試みだった。電力会社など関連企業の社員に買ってもらいそれを製作費の原資に充てるという方法の先駆けとなった。これも三船と石原というビッグネームのおかげだろう。

もっとも当時石原プロは資金が不足していたため、石原自身が俳優の重鎮でもあった民藝の宇野重吉を訪ねて頭を下げ協力をお願いしたというのが本当の所だ。以来石原は宇野を生涯の恩人と崇めたという。

富山県の黒部渓谷は急峻な山間を日本海に川が流れ込むことからダムに適していた。そこにはすでに戦前から第3ダムまで作られていた。が高度成長期に水が不足したため新しいダムが必要とされた。

映画はその、建設不可能と言われた黒部第4発電所（通称クロヨンダム）の建設を関西電力が計画し、171人もの尊い犠牲者を出しながらも不屈の執念で完成させた最難関の、第3工区大町ルートの掘削を請け負った熊谷組の奮闘を描いたもの。当初は順調なスピードで建設が進められていたが、1957年、扇沢の坑口から1700メートル入ったところで軟弱な破砕帯にぶつかった。そして大量の水と土砂が噴出、中断せざるを得なくなった。

映画はその難工事を木本が取材して書き起こしたものだ。（ほかの工区は鹿島建設、大成建設、間組などが受け持った。）

三船演じる北川は関電の現場事務所の責任者に任命されるが一度は「自分のできる役ではない」と断る役どころ。

映画は熊谷組・豊川工場内に本物そっくりの巨大なトンネルのセットを作って行われた。しかしこのセットでも本物と同じように予測外の出水事故が起きた。

伝説の「三船の仁王立ち」があったのはこの時。事故を再現するシーンのため、セットに420トンの水タンクを設置していた。ところがこの出水の見せ場に手違いがあって10秒間で420トンの水がどっと噴出してしまったのだ。すぐこれに気がついた三船が「でかいぞ」と大声で叫び仁王立ちしてみんなに知らせたのだ。スタッフも役者も機材も、それから三船も裕次郎も本気で逃げた。

カメラマンも立派だ。偶然とはいえCGでは出せない迫力をちゃんと撮っていたから迫真の演技に見えるシーンとなった。熊井監督は「もし三船が恐怖で立ちすくんでいたらたくさんのケガ人が出ていただろう」と回想している。2、3人死んだかもしれないと思ったという。実際裕次郎は全身打撲で右手親指を骨折している。労務者役だった大浜詩郎は過酷な現場に毎日点滴を打っていたと証言。「この苦労を思えば、どんな撮影もつらくはない」とまで言い切る。

トタン張りのオープンセットは照明機材の熱で蒸し風呂状態。若い役者でなくてはつとまらなかっただろうことは想像にかたくない。

こうして1年以上も撮影に費やし完成したこの映画は観客動員800万人を記録し大ヒット。文部省推薦にもなった。

関電の資本は当時130億円。400億円という大工事のため世界銀行の融資を受けたそうだ。

2008年には中村獅童、神田正輝のW主演で舞台にもなっている。

ところでこの映画は「石原裕次郎の幻の名画」と言われている。なぜか。

それは版権を持っていた石原プロが、この映画はぜひスクリーンで見て欲しい、と言う理由から長い間ビデオにさせなかったからだ。2018年ようやく朝日新聞出版からDVDが出た。何しろ2部構成で197分という長尺、テレビでのノーカット完全版も2014年の日テレで初めて放送されるまでなかった。

■アラン・ドロン出演は日本側が提案

「レッド・サン」（1971年、テレンス・ヤング監督）

前回、「羅生門」の成功で海外からオファーが殺到したと書いた。三船は結局初めてのハリウッド映画67年の「グラン・プリ」に始まり、68年「太平洋の地獄」、76年「ミッドウェイ」など海外の作品14本に出演している。この作品もその1本。

舞台はアメリカ西部。札付きの強盗リンク（チャールズ・ブロンソン）とゴーシュ（アラン・ドロン）に率いられた強盗団は、金貨を積んでいるという情報を得て列車強盗を計画し、襲撃に成功した。しかもその列車には、とんだお宝が。それは日本から日米修好の任を帯びて坂口備前守（中村哲）ら日本の全権大使一行が乗っていて、ミカドから大統領に献上するため金で作られた特別な宝刀があったからだ。

ところが欲を出したゴーシュは、邪魔なリンクが列車から金貨の袋を運んでいるところにダイナマイトを投げ入れお宝を強奪して逃走してしまう。

一方大切な刀を奪われた日本の武士たちは、これでは切腹ものだといきりたち、凄腕の黒田重兵衛（三船）に「大統領に会うまでの7日間でその刀を奪い返せ」と命令を下す。だが予想外な事が起こる。爆死したはずのリンクが生きていたのだ。リンクは自分を裏切って殺そうとしたゴーシュを怨み、復讐を誓っていたのだ。ここで黒田とリンクが不本意ながら手を結ぶことに……。

当時欧米では007などのスパイアクションが大人気だった。三船プロがアメリカの5大大手映画会社のひとつパラマウントに「サムライ西部劇」を提案したのは1965年のこと。当然否定的だったが企画に賛同した製作者のT・リッチモンドが強く推して実現したいきさつがある。

備前守が黒田に7つの結び目がついた脇差をわたすシーンは印象的。1日たつごとにひとつずつ結び目をほどいていく訳だ。こんなところにもちゃんとした江戸時代の作法が正しく描かれているのには驚く。

監督はエリア・カザン、サム・ペキンパー、「007」のテレンス・ヤングの名前が挙がったが、ヤングだけが三船に「会えてうれしい」とあいさつ。これが決め手となった。出演には最初から三船とブロンソンは決まっていたが、もう一人のゴーシュ役は誰にしよう、となってドロンは日本でも大人気。そこで日本側からの提案でドロンに決まったそうだ。これで世界の3大スターが共演するという豪華版になった。

音楽は「ドクトル・ジバゴ」「アラビアのロレンス」のモーリス・ジャール。初代ボンド・ガールのウルスラ・アンドレスも出演、美乳を拝ましてくれるのもご愛敬か。

欧米では太陽というと黄色のイメージだが、日本では赤。つまりタイトルのレッドは日本を指している。

この映画をパロッって作られたのが1975年製作、ジュリアーノ・ジェンマ主演のイタリア映画「ザ・サムライ　荒野の珍道中」（セルジオ・コルブッチ監督）。ストーリーもそっくりで驚く。完全なるパクリ。問題にならなかったのだろうか。

ちなみに「レッド・サン」に出演する以前、アラン・ドロンは三船をイメージして1967年のフランス映画「サムライ」で、まるで侍のようにふるまう暗殺者を演じている。これは単なる偶然か、神のイタズラか。（ナタリー・ドロンのデビュー作でもある）。

デンマーク映画の「ミフネ」はソーレン・クラーク＝ヤコブセン監督が三船の死を悼んでタイトルにつけたという。

黒澤明が監督したソ連映画の「デルス・ウザーラ」も最初は三船が主役の予定だったが、撮影が2年にも及ぶことが分かって辞退した。もし出ていればどんな映画になったか惜しいと思うのは筆者だけではないだろう。

■ラストの瞬殺シーンは三船自身が演出

「椿三十郎」（1962年、黒澤明監督）

前年に公開されてヒットとなった「用心棒」の後編ともいえる作品だが、ゴーサインが出るまでには紆余曲折があった。

シナリオは最初黒澤監督が書いたもので、基になったのは山本周五郎の「日々平安」という小説。この中では気が弱くて剣術もろくにできない男が主人公だった。それには東宝からダメ出しが出て一時はお蔵入りの危機に。ところが「用心棒」がヒットしたことから、小国英雄と菊島隆三とでシナリオを大幅に書き換え、強い侍を主人公にすえた。これでボツになりかけた作品に陽の目があたったという訳だ。

物語はこうだ。

真夜中。城下の廃屋。次席家老の黒藤（志村喬）と国許用人竹林（藤原釜足）が汚職で私服を肥やしていると知った若い侍たちが集まり告発の密議を交わしている。リーダー格の井坂伊織(加山雄三)によれば、この事実を伝えるため城代家老の睦田弥衛兵（伊藤雄之助）に意見書を提出したが破り捨てられたと明かす。ただ大目付の菊井六郎兵衛（清水将夫）が我らの意見を汲んでくれたと言うので一同は安堵のため息を漏らす。と、そこへ奥の暗闇から浪人（三船）がしゃしゃり出てきて言う。それはすべて逆だ。城代が正義で大目付こそが黒幕だ、騙されてはいけないと。

慌てて城代家老の屋敷に行くと家人はみんな連れ去られていた。若侍たちは拉致された城代家老とその妻、娘を助けるために監禁場所を探すことに。浪人は椿が咲き誇る家老・黒藤の屋敷へ行きスキをみて妻と娘を救い出す。名前を聞かれて浪人は椿三十郎と名乗った。そして菊井らにウソを教え屋敷から椿の花を流す。それは若侍たちへの襲撃の合図だった。

この映画で黒澤監督が使った手法はたくさんあった。例えば立ち回りで肉が切れる音や血がドバっと噴き出るシーンだ。

それまではＧＨＱから残酷なシーンは駄目だという禁止令が出ていたがそれが解けたので「用心棒」に続き、よりリアルさを追求したわけだが、エスカレートしてしまったようだ。ところがこのクロサワ式チャンバラをまねた映画が続々登場したため、欧米ではヘモグロビンの噴射と皮肉を新聞に書かれた。これには監督自身も「俺が流行させてしまったんだ」と反省しきり。

ラストでも室戸半兵衛（仲代達矢）と三十郎の決闘シーンがあるが、瞬時に三船が仲代を切り倒している。後でフィルムを見たらコマに三船の刀が映っていない。「あまりに早すぎて映らなかったんだ。殺陣のオリンピックがあったら間違いなく三船が金メダルだな」と黒澤。それにしても切られてポンプから血が噴き出る仕組みが、出過ぎてＮＧになりスタッフ一同大爆笑だったとか。血は「本当にこんなに出るものか」という意見が出て大論争にまで発展した。この瞬殺シーンは三船自身が演出したという。

30人を切り倒すシーンでも監督から三船に「瞬時に何人倒せ」という酷な指令が出た。まるで西部劇の早撃ちだ。

4人の若侍が敵方に捕まり後ろ手に縛られているシーンでは撮影が終わっても、うっかりほどくのを忘れられて長時間放置された。「こりゃ、チャーシューメンの一杯も食わせてもらわなきゃ」とぼやくと、後で本当にチャーシューメンが出てきた。三船はそこで監督に「あまり甘やかさんでくれ」と文句を言ったという。

その一方では寒い2月の撮影に寒風の中、斬られて血のりを浴びて倒れている役者がいるのに、ラーメンを食っていた加山雄三や田中邦衛らを「自分だけ温かい思いするな」と本気で殴ったという。三船という人間性が表れた瞬間だ。

撮影が終わると毎回みんなで食事。それが済むと必ず監督に「聖者の行進」と「かっこうワルツ」を歌わせられた。だからしまいには監督がトイレにたったとたんみんな逃げ出した。とんだ笑い話だと片づけるにはちょっとシュールな場面に思える。

⑬ 不完全燃焼、松田優作のすべて

■大藪春彦のハードボイルドの世界を体現

「野獣死すべし」（1980年、村川透監督）

1989年に40歳という若さでがんという病魔に倒れ、無念の人となった松田優作。その人柄や演技を惜しむ人々から多くの悲鳴が上がった。

圧倒的な迫力ある演技、独特の雰囲気で人気者だった。その人気に火をつけたのがテレビの刑事ドラマ「太陽にほえろ！」でのジーパン刑事役だった。だがその人気を獲得するまで、たくさん心の葛藤があったことはあまり知られていない。

松田は1949年に日本人の父と韓国人の母との間に下関で生まれている。そのことに気づいた少年は鬱屈した青春を送ることに。母から弁護士になれと厳命され、高校を中退してアメリカに渡る。叔母夫婦の世話になるが言葉の壁に苦しみ黙って帰国してしまう。

大学在学中に文学座の研究生になり新宿でバーテンダーをしていた時、村野武範らと知り合う。当時人気だったテレビ番組「飛び出せ、青春！」のプロデューサーに村野が松田を推薦したことから役者としての人生が転がり始める。その度胸のある演技が評価されて「太陽にほえろ！」に抜擢されたのだ。

さて本題だが、映画「野獣死すべし」はご存知大藪春彦のハードボイルド小説。何度か映画化されているが、この作品が一番評判よい。

戦場を渡り歩いた元通信社の記者だった男・伊達邦彦（松田）は、いつもは普通の生活をしているが、戦場での血の匂いから逃れられず、ついに警視庁の刑事を刺殺し奪ったピストルで違法カジノを襲う。次に銀行強盗を計画するが信頼できる相棒が必要だと分かると真田徹夫（鹿賀丈史）という男に同じ血の匂いを嗅ぎ取り仲間に引きずり込む。そして銀行強盗を決行。しかし予期せぬ事態が起こる。客の中に伊達に思いを寄せる令子（小林麻美）がいたのだ。が、伊達は冷酷に令子に向かって銃の引き金を引く……。

ニコラス・ブレイクの推理小説からタイトルが採られている。

この映画はクランクイン前から問題山積だった。まず撮影初日の現場に現われた松田を見て村川監督は激怒した。それは指示もないのに松田が勝手に10キロも減量してこけた頬のまま現われたからだった。

公表では身長185センチ72キロの松田が62キロのヒョロヒョロになったのだから迫力が圧倒的に弱まるのは当然だろう。しかも上下の奥歯4本を抜いたという。頬がこけて見えたのはそのせいだった。原作者の大藪からも、出来上がった作品を見て自分が描いた人物像とは違うと批判されてしまったという。このため、批評家からは小説とは別物、という意見がでたほど。

ラストシーンのコンサートホールでクラシックの演奏会があるが、ここではショパンのピアノ協奏曲第1番第3楽章が演奏されている。この時の指揮者は村川監督の実兄・村川千秋だった。

撮影に使われたのは日本橋1丁目にある野村證券本社で、とても協力的だったそうだ。最初、真田役は金子正次の予定だったが鹿賀丈史のほうが松田と相性がいいのではと言う声が出て交代した。

伊達が使用している拳銃コルト・シングルアクション・アーミーはカジノの幹部役として出演しているテクニカル・アドバイザー、トビー・門口の私物。これは19世紀末に作られた高価なアンティークの銃だ。

話は戻るが村野武範が松田をTVプロデューサーに紹介したのは、前日麻雀をして負けたときの約束だったとか。まるでサイコロ博奕だ。

1959年に仲代達矢主演、須川栄三監督で映画化されており、ここでは大藪自身がカメオ出演している。

■ハワイでの実弾訓練の成果が見せ場

「蘇える金狼」（1979年、村川透監督）

「野獣死すべし」の前年に、同じ村川監督で作られた大藪春彦の初期の代表作。1962年から週刊アサヒ芸能に連載され、野望篇と完結篇として単行本が出版されている。

朝倉哲也（松田）は、表向きは風采のあがらない経理部のサラリーマン。だが夜ともなるとボクシングジムに通い、心身を鍛えている。それには訳が……。

ある日、共立銀行の現金輸送車が襲われ、9000万円が奪われるという強盗殺人事件が起こったが、それは朝倉が犯人だった。実は勤めている会社・東和油脂を乗っ取るという野望の第一歩なのだ。朝倉はその金をヘロインに替えるとさっそく次の手を打つ。経理部長の愛人・永井京子（風吹ジュン）をクスリとSEXでたらしこみ、会社の秘密を手に入れることに成功する。それは総会屋の桜井（千葉真一）から役員たちが5000万円だせとゆすられているというものだった。桜井のバックには大物の政財界フィクサーがついていることも分かった。

清水社長（佐藤慶）は探偵の石井（岸田森）らを使い桜井を始末させる。ところがその石井が裏切り、今度は清水社長に1億円を出せと迫る。清水は重役にさせてやるから石井を消してくれと朝倉に泣きついた——。

この映画は大ヒットした。そのためか以後もたくさんのリメイク作品が作られている。例えば1998年版、ギャガ製作の映画は監督が渡辺武、真木蔵人主演。テレビでも連続ドラマとして1999年からSMAP香取慎吾主演で作られている。それだけ当時の社会ニーズに合う原作だったということが言えるだろう。風吹ジュンとの濡れ場がしつこすぎるという批判もあったが、結城しのぶ、吉岡ひとみのヌードが見られると評判になったのも一興。

渋谷のラブホテル「O」で松田とフルヌードのSEXシーンは撮られた。風吹ジュンはこの時27歳。前貼りもつけず「どうせ撮っても見えっこないわよ」と言ったところ、スチールカメラマンは怒って帰ってしまったとか。「全裸も辞せず、の心意気、女優の意気込みと書いて下さい」と東映宣伝部はマスコミにアピールしたが、松田は「そこだけ取りあげられるのは不本意だ」と文句をつけた。それはそうだろう。主役は自分なのだから。

さて松田優作主演のこの映画では、原作にある麻薬組織と朝倉との対決はアメリカ海軍横須賀基地のある場所となっているが、実際には撮影は不可能。そこでやむなく東京湾に浮かぶ第2海堡で撮ることになった。

総会屋の桜井役はコミカルな中年に設定されていたので千葉真一がいいとキャスティング。

松田はこの映画のためにハワイで実弾訓練をした。その成果が素晴らしいガンアクションに現われている。それを得意がるかのような「動く標的、撃ち落とせ!」という宣伝コピーが何とも勇ましい。

今なら教育ママからクレームがつくだろう。

　面白いのは朝倉の会社内での出世にしたがって使う車も出世していくところ。マセラッテイメラクSS、次はBMWアルピナB6、そしてランボルギーニ・カウンタックと豪華な車ばかり。高級車好きにはたまらないだろう。特にランボルギーニが夜明けの街を疾走するシーンなどは角川事務所じゃなきゃ撮れないという声も当時は聞かれたもの。

　そしてケーシー・ランキン作曲「蘇える金狼のテーマ」（歌＝前野曜子）の音楽が時代にマッチしているとも。

　角川春樹もボクシング経験があり、グラブを合わせてみたところ「意外に優作はパンチ力がなかったよ。でも空手をやっていただけにサマになっていた」と感想を述べている。

　この演技で松田は第3回日本アカデミー賞で主演男優賞にノミネートされている。

　2008年の藤原竜也主演の映画「カメレオン」はもともと松田優作のために書かれた脚本だった。「遊戯シリーズ」の第2弾として30年前に書かれた「カメレオン座の男」だが、丸山昇一が設定を変えて完成させたため藤原に変更されたという。

■松田優作が映画初出演した記念碑的作品

「狼の紋章」（1973年、松本正志監督）

東宝がそれまでの健康的な娯楽作品を主流とする映画を供給する会社というイメージから脱却を図ったもの。かなりキワモノ的な描写があり、学園怪奇バイオレンスともいうべき内容だ。しかしそれが当時の若者たちから大ウケし、これ以後ヤングアダルト路線が定着する。

原作は「幻魔大戦」などで知られるSF作家の平井正和だがオリジナルは漫画だ。1970年から坂口尚の作・画で「週刊ぼくらマガジン」に「ウルフガイ」というタイトルで連載されたもの。初のハヤカワSFノベル文庫版書下ろしで「狼の紋章」と「狼の怨歌」があり、平井は「紋章」に「エンブレム」というルビをつけた。しかし「怨歌」につけた「レクイエム」はなぜか削られてしまったという。他にも徳間版、角川文庫版、祥伝社ノベル版などがある。人気のほどが分かる。

この映画は松田優作が初出演した記念碑的作品。ただし主演は志垣太郎だった。

犬神明（志垣）は自分に特別な能力（狼の血が流れているため、時として超人的な力を発すること が出来る）が備わっていることに気づいた。新宿の街でチンピラにからまれ胸を刺されるが、居合わせた教師・青鹿晶子（安芸晶子）は翌日学校で転向生の犬神に再会、彼が無傷なことに驚く。その学園は暴力団を父に持つ羽黒獰（松田）一派が学校を牛耳っていた。羽黒はいつも学ランに袴姿で袋に収めた白鞘を持っていた。犬神は彼ら不良グループからリンチに合うが無抵抗。学園では不良を追い出そうという先生たちが立ち上がるがそれを不良たちが襲う。その前に立ちふさがったのは犬神だった。羽黒に刀で背中を貫かれるが……。

まだ棒読みのシーンや硬さもあるが、松田の冷徹ぶりや野性味が十分出ており、出演者としての評価はよかった。中には主演の犬神明役は志垣と逆にさせた方がよかったのでは、という意見さえあったほどだ。松田のフンドシ姿はここでしか見られない。

狼に変身したときにかぶるマスクは実際に本物のシベリア狼の毛を一本一本植えて作ったという。

青鹿役の安芸晶子とは、特撮の「ミラーマン」に出演していた市地洋子のこと。スクールメイツ当時は市地だったが「ミラーマン」で安芸に改名。しかし「狼の紋章」出演以後再び市地に戻している。

2年後には東映がスピンオフ「ウルフガイ　燃えろ狼男」を撮っていて、犬神明をサニー千葉が演じている。

また、この作品のシリーズ小説にはとんでもない事件がからんでいる。いわゆる「狼男だよ改竄事件」といわれるものがそれ。平井が1966年に「ウルフガイ」第1作として書いた小説の初版が立風書房から出版された。しかしこの原作に編集者が勝手に大きく手を入れていたことが分かり平井は激怒。もめにもめ、裁判沙汰になった。その事件のせいで平井はしばらくの間執筆できなくなってしまったのだ。

■でこぼこコンビで薬師丸の相手に抜擢

「探偵物語」（1983年、根岸吉太郎監督）

この映画は薬師丸ひろ子のためにあると言ってもいい。なぜなら原作の赤川次郎が彼女のために書いたオリジナル小説だから。

と言うのは、薬師丸は玉川学園大学への入学試験のため休業していて、この映画が復帰第1作となるからだ。（主演第3作）。そこで相手役には誰を、となった。「野性の証明」で高倉健と、「セーラー服と機関銃」では渡瀬恒彦と共演してきた実績があるところから相手役には難航、15人もの名が挙がった。その中には沢田研二や萩原健一の名もあったという。

だが松田に決まったのには3つのポイントがあった。それは①硬軟演じ分けられる。②ダメ男のイメージもあるが都会的センスも持ち合わせている。③背丈が185センチと154・5センチ。この凸凹コンビが面白い――というもの。

根岸監督は当時のインタビューで面白いことを言っている。「でこぼこコンビとなるが、柔道の無差別級と思ってがっぷり四つに組んでやって欲しい」と。これに対して薬師丸も「優作さんの長い足にすがりついてがんばりたい」とジョークでコメントを残している。

裕福な女子大学生・新井直美（薬師丸）は一週間後に父が暮らすアメリカへ行くことになっている。

そんなある日、先輩の永井とデートしていると冴えない中年男が邪魔をしてくる。実は直美を尾行していたのは辻山（松田）という探偵で彼女のボディガードを依頼されていたのだ。それを知った彼女は面白がってわざと辻山を困らせた。

実は永井には進藤正子という彼女がいた。正子は辻山と離婚した前妻・幸子（秋川リサ）が同棲している暴力団の国崎が経営するナイトクラブで働いていた。その国崎がホテルで殺された。そして愛人の幸子に犯人の疑いがかけられ指名手配されてしまう。幸子は困って辻山に救いを求めた。幸子の無実を信じる辻山は直美と真犯人捜しを始めるのだった——。

何といってもこの映画で話題になったのは松田と薬師丸の初キスシーンだろう。清純派アイドルのディープキスというのは当時衝撃的な出来事だった。松田は前作「家族ゲーム」で熟女・阿木燿子とも濃厚なキスシーンを演じていて「光栄です。阿木さんともうまくいったようにやります」とインタビューに応じている。アクションばかり注目されてきた松田だから、前作「家族ゲーム」とこの映画でイメージチェンジを図る心づもりがあったようだ。

また薬師丸もこの映画のプロモーションでは自身が率いる草野球チーム「ヒロコーズ」で吉本興業チームなどと各地で7試合し、ピッチャーとしても出場して盛り上げに一役買っている。ちなみに背番号は「８９４０＝やくしまる」だった。

音楽は加藤和彦が担当。興行収入は51億円を記録した。

⑭今明かす黒澤明の映画トリビア

■デビュー作は現存しない98分の完全版

「姿三四郎」（1943年）

「死して名を残す」という言葉にふさわしい世界の黒澤明監督。没後何十年たってもその評価は不変だろう。残した映画にオマージュを捧げる監督は世界中にあまたいる。その中でも絶対に譲れない作品を紹介したい。

「姿三四郎」は黒澤監督の記念すべきデビュー作だ。東宝。主演＝藤田進。

明治15年、青年・姿三四郎は柔術家を目指し会津から上京、神明活殺流に入門しようと考えていた。師範の門間らは紘道館の人気を妬んで館長・矢野の闇討ちを計画。しかし返り討ちにあう。その強さに三四郎は驚いて紘道館に入門を願い出る。やがて三四郎は腕が上達するが慢心して乱闘を繰り返すようになる。そこでついに師はある決意を…。

＊

山本嘉次郎監督の下で腕を磨いた黒澤だが、助監督を卒業しても戦時中の言論統制もあり、チャンスに恵まれずなかなか映画を撮らせてもらえなかった。

ある日新聞広告で「姿三四郎」という本の広告を見つけた黒澤は「これはいける」とひらめき、すぐに原作者の富田常雄と交渉することに。しかしこの時すでに松竹と大映が目をつけ、映画化権の交渉が進んでいた。

運がいいというのはこのことだろう。たまたま富田の妻が映画好きで、黒澤明という有望な新人がいるという記事を読んでいたところから急転、映画化権が東宝に転がり込んだという訳。また、当時は先取精神の東宝と言われ、それが後押しとなったようだ。

実際、富田常雄の父・常次郎は講道館の高弟だったので、柔術の知識は父から教えてもらったのだろう。三四郎のモデルは西郷四郎だという。

娯楽映画の少ない時代だったためも手伝ってか映画は大ヒット。ダイナミックな殺陣や無駄のないカットなど、天賦の才能がすでに発揮されている。

公開時のオリジナル版は98分あった。ところが翌年再上映のさいに誰かが勝手にフィルムをカット、79分となった。カットされたフィルムはどさくさに紛れて行方不明になってしまった。

1990年の調査で満州から旧ソ連に渡ってカットされたフィルムの一部が発見されたが、現在でも98分の完全版は存在しない。

最近流行りの旅番組で、今で言う「聖地」のように、ロケ現場になった横浜・浅間神社の狭い急階段をテレビなどでご覧になった方も多いと思うが、当時はお金と時間がかかるロケよりも撮影所内のセットでササッと撮ろうとするのが主流だった。

ましてや新人監督。だがそこは当時から強気でなる完璧主義者。会社に掛け合ってロケを承諾させた。ただし期限は3日間だと釘を刺されたという。

矢野が敵を川に投げ込むシーン。大河内傳次郎は勢い余って自分も川へドボン。川の水は零度近く。あわててホテルで体を温めたそうだ。

クライマックスの三四郎と檜垣原之助の決闘シーン。有名な箱根仙石原のススキ野で撮影されたが、肝心の風が吹かず困っていたところ、3日目でようやく〝神風〟が吹いたという。

ちなみに55年には東映が田中重雄監督、波島進、高千穂ひづるの主演で公開されるなど、これまでに「姿三四郎」は5回作られているほどの人気作だ。しかも65年には黒澤明自身の脚本によって43年版を再映画化。よほど強い思い入れがあったのだろう。主演は加山雄三だが、これは監督の黒澤と三船敏郎（矢野正五郎役）の名前が同時にクレジットされた最後の作品となった。

余談だが、黒澤監督はデビュー作のヒットに気をよくして45年に「續姿三四郎」を撮っている。主演は前作と同じ藤田進で、大河内傳次郎、月形龍之介も共演。

これは前作で三四郎に殺された兄の仕返しをしようとする檜垣兄弟との死闘を描いたものだが、評判はイマイチで監督自身も「あまりよい出来じゃなかったな」と正直に語っている。

■ガソリンかけすぎて大金かけたセットが全焼

「七人の侍」（1954年）

ヴェネチア国際映画祭銀獅子賞を受賞。主演＝三船敏郎。

言わずと知れた映画史に残る傑作である。この映画に世界がひれ伏したと言っても過言ではないだろう。以後の映画製作者に及ぼした影響は計り知れない。フランシス・フォード・コッポラ、ジョージ・ルーカス、スティーブン・スピルバーグ、アンドレイ・タルコフスキーなどなど、名前を挙げたらきりがないほどたくさんの映画人が賛意を表明する。

その証拠に、この映画をリメイクしてジョン・スタージェス監督が1960年に「荒野の七人」（これは後に「続・荒野の七人」「新・荒野の七人」という続編も作られた）、2016年にはアントワン・フークア監督によって「マグニフィセント・セブン」が作られたことなどからも分かる。フークア監督は「クロサワはマスターだ、シェークスピアだ」とその信奉ぶりを形容している。

あらすじはこうだ。

時は戦国時代。野武士たちが村々を襲い略奪を繰り返していた。そこで村人たちは浪人を雇って村を守ることに決めた。最初はなかなか集まらなかったが、腹をすかせた七人の男たちが飯を腹いっぱいに食わせることを条件に集まった。男たちは百姓に戦い方を教えることにした。そしてついに夜盗の集団と対決の時が来た。

＊

リアルさを求める黒澤監督の意向を受けて当時の資料を国会図書館で調べ、監督に加え橋本忍、小国英雄という当時最高の俊英脚本家3人が熱海の旅館に45日間閉じこもって書き上げた。その鬼気迫る凄さに圧倒され、部屋担当の仲居さんは震えあがったと後に語っている。

伊豆の山中でのロケでは、電柱が立っていて撮影ができなかった。黒澤監督が「どかせ」の一言で撤去させてしまった。これが後に言われるようになる「クロサワ天皇」のあだ名のはしりである。

脚本を受け取った三船敏郎は、配役も告げられていないうちから、型破りで乱暴者の「菊千代がぼくですね」と言い当てたそうだ。リアル感を追求する監督に、三船が「それなら青っ洟のほうが本当らしい」と顔をぐしゃぐしゃに汚したり、「立小便でもしてみましょうか」と言ったという。これで黒澤の三船に対する株がさらに上がったという。

黒澤は作家の井上ひさしから「こんな絶妙なシナリオはどうやって書けるのか」と問われ「トルストイの戦争と平和を参考にした」と明かした。ジョン・フォード監督の西部劇から影響を受けたというのも有名な話。

撮影ではとんでもない失敗があった。野武士の砦を襲撃して火をかけるシーンではガソリンをかけすぎてしまい、大爆発。大金をかけたセットが全焼し、利吉役の土屋嘉男は吹っ飛ばされて記憶を失ったそうだ。さすがの監督もこのアクシデントには頭を抱えていたという。

久蔵役をオファーされた宮口精二は「剣道の経験がないのでやれません」と断ったが、監督が「カメラでなんとかするから」と言うので引き受けた。終わってみれば「大変なもうけ役。あんないい役は一生に一遍あるかないかだなあ」と語っている。

この年は異常気象のためスケジュールが大幅にずれこんだ。東宝の重役会では中止か続行かモメたそうだ。いつクランクアップするかと賭けをするスタッフも。黒澤明監督はその間、多摩川で釣りをして時間をつぶしたという。

黒澤はドボルザークの新世界交響曲が大好きで、常日頃「こんな感じの映画を作りたい」と言っていたそうだから、音楽がイメージ作りに大きくかかわっていたことが分かる。

「侍のテーマ」など音楽を作曲したのは映画音楽だけでなく幅広く活躍するクラシック界の巨匠・早坂文雄。当初20曲ほど作って黒澤監督に聴かせたが監督はなぜかすべて気に入らず、ボツになったという。困った早坂はやけくそで、捨てたゴミ箱から一枚の楽譜を拾い上げてピアノで演奏したところ、監督が気に入ったという笑い話のようなエピソードがある。

■山崎努の演技も熱かったが〝金網〟も熱かった

「天国と地獄」（1963年）

1963年、主演＝三船敏郎。毎日映画コンクール・日本映画賞を受賞。この映画がきっかけで刑法論議が沸き上がり、誘拐罪の法改正につながったという稀有な作品。

「用心棒」「椿三十郎」と時代劇を世に送り出した後、以前から日本の誘拐罪の量刑は軽すぎると憤っていた黒澤は、今度は現代劇を作りたいと考えていたが、たまたま手に取ったエド・マクベインの犯罪小説に触発されたことから思い立った。公開当時は必ずしも評判がよい訳ではなかったが、ハムレットのような緊張感のある室内劇のすばらしさは特筆もの。

簡単なストーリーを述べる。

製靴会社常務・権藤の元に「お前の息子を預かった」という電話が入る。だが犯人は間違って常務の運転手・青木の息子をさらったことが分かる。身代金は3000万円。青木は常務にお金を出してくれと懇願する。犯人は特急こだまの窓から、酒匂川の鉄橋で金を入れたカバンを落とせという。権藤は犯人の要求通りにするが……。

こだまは当時、国鉄最速の特急。実物のこだま1編成を借り切って東海道線を走らせ撮影した。現代なら到底不可能だ。何しろ過密ダイヤの合間にワンテイクでOKを出さなければ、2000万円の損失が出るので失敗は許されなかった。戸倉警部役の仲代達矢は「失敗は許されないと言われて、リハーサルの時から冷や汗ものだった」と振り返る。

窓がすべて開かないこだまだが、トリックの中で、犯人が「洗面所だけは7センチ開く。そこから金の入ったカバンを落とせ」という設定のため、そうできないかと何度も国鉄に問い合わせたところ、逆に怪しまれたというから笑える。

当時はまだ新幹線がなく在来線での撮影だ。後に新幹線ができて同じ名称の「こだま」が走ることになった。そのため「あれは新幹線のこだまだった」と勘違いしている人が多い。

走っている列車から金を落とすという手口は55年の内川清一郎監督による「悪魔の囁き」が初めてだが、これ以後63年の「草加次郎事件」、65年「新潟デザイナー誘拐殺人事件」、84年「グリコ・森永事件」、93年「甲府信金ＯＬ誘拐殺人事件」などこの映画による模倣犯が続出したのも悲しいことだがすべて事実。

ただアメリカで上映された時、筆跡のプロファイリングや逆探知、声紋の分析といった科学的捜査が当時の日本でできたであろうかという批判があったのも本当だ。それだけ黒澤監督は進んでいたということか。

真夏の事件だが、撮影は真冬に行われた。そのため吐く息が白くならないように俳優陣は口に氷を含んで行ったという。その理由を山崎努が監督に訊ねると「冬に夏のシーンを撮れば、どうやって暑く見せようかとみんな工夫するだろ」と答えたそうだ。さすが天下の黒澤。タイトルになった「天国と地獄」というと、オッフェンバックの喜歌劇を連想するがヒラヒラのフリルがついたスカートで脚を上げながらラインダンスをするムーランルージュのエロチックな踊りは誰でも知っているだろう。だがこの映画の天国は権藤の暮らしが天国で、権藤に嫉妬した誘拐犯の竹内が「地獄を生きてきた」ということからつけられている訳だ。

仲代演じる戸倉警部はヘンリー・フォンダをイメージして演じさせたと黒澤。そう言われた仲代はわざわざカミソリで毎朝生え際を剃ったという。香川京子演じる権藤夫人は、監督がエリザベス・テーラーのようなイメージで、まるでカバンより重い物を持ったことがない人のように演じてくれと注文をつけたそうだ。

ラストは台本では戸倉警部と権藤が立ち話のシーンで終わる予定だった。ところが犯人役の山崎努が金網につかまり泣き叫ぶシーンの迫力に黒澤が大感激、急きょ変更となった。ただ金網は照明のせいで熱かった。山崎は手を火傷しながら演じきったという。本人はその時気づかず、カットの声で初めて自分が火傷していることを知ったというから役に入り込んだ役者とは凄いものだ。この演技で山崎はスターの座を射止めたといえる。

■世界的に注目を浴びた黒澤の代表作

「赤ひげ」（1965年）

東宝。主演＝加山雄三、三船敏郎。

三船は第26回ベネチア国際映画祭で2度目の男優賞を受賞。ゴールデングローブ賞にもノミネートされるなど世界的に注目を浴びた。その年のキネマ旬報ベストテン1位。興行収入も1位を記録。もちろん黒澤・三船コンビの代表作のひとつといっていい。最後のモノクロ映画になった。

あらすじを書く。

幕府の命によって作られた小石川養生所に若い医師見習いの保本（加山雄三）がやってくる。彼は出世を妨げられ、押しつけられた仕事に反発していたが〝赤ひげ〟とあだ名の新出（三船）の下でいやいや働くことに。だがそこで見たものはお金も取らずに治療し、貧しい者たちをいつくしむ赤ひげの思いやり精神だった。

麻酔のない時代、手足を押さえつけた開腹手術で飛び出す内臓、飛び散る血と泣き叫ぶ患者。これ以上ないほどのリアルな場面には保本ならずとも驚く。

黒澤はこれを撮る前、「日本映画の危機を救うのは創る人の情熱しかない。私はこの『赤ひげ』に映画の可能性をスタッフ全員と賭ける」と宣言しているほど、この作品に情熱を傾けていたようだ。

山本周五郎の原作だが、この脚本に全精力を注ぐように、黒澤監督はなんと2年の歳月をかけ、さらに撮影には1年半を要したというからただごとではない。現在なら邦画の場合、3〜4週間あれば撮影を完了させるものだ。これも監督のこだわりのせいだろう。撮影前スタッフ全員に「ギリギリの力を絞り出してもらう」と言い渡していたという。

おかげで公開がどんどん先延ばしになり、東宝はやむなく本多猪四郎監督の「三大怪獣 地球最大の決戦」というゴジラシリーズを投入したりして時間を稼ぐしかなかった。プロデューサーの田中友幸はそのため3回も辞表を書く羽目に。

面白いのは白黒映画なのに、三船は自分で髪の毛と髭を脱色して赤くしたこと。1年半の間それを繰り返していたわけだが、三船はその度に吐き気を我慢しなければならなかったという。なぜそうしたか。それは原作に赤ひげと書かれていることを忠実に守ったからに他ならない。

後半のストーリーは、ドストエフスキーの「虐げられた人々」をベースにしたとされる。二木てるみ演じる少女おとよは同作のネリーという人物に即していると思われるからだ。

杉村春子がだいこんで叩かれる場面がある。杉村といえばすでに大女優。だから叩く方も遠慮がちになる。そのためNGを連発、とうとう用意した大根がなくなってしまったとか。

セットは東宝の撮影所3万平方の敷地に30数棟の建物を建て、古臭さを出すためにせっせと磨き込んだ。それをわざわざカーク・ダグラス、ピーター・オトゥール、シドニー・ポワチエといったハリウッドの大スターたちが見学に来たというから驚きだ。

主演の加山は当時俳優をやめようかと迷っていたそうだが、これに出演して俳優業を続ける決心をしたと語っている。

黒澤映画初のフルヌード・シーンが登場するのもこの作品。ただし手術の場面だから当然色気はゼロだが。

監督は制作費が足りなくなったので、自宅を抵当に入れて売却している。入れ込みようがうかがえる。

小石川養生所のセットは東宝撮影所近くの3万平方メートルの敷地に作られたが、史実と合うように古い質感を出す努力をスタッフ全員でしたそうだ。ご苦労さん。

ちなみに赤ひげのモデルとなったのは実在した江戸時代の医師、小川笙船《しょうせん》。「貧しい庶民を助けるため」と言うこの小川の意見を徳川吉宗が聞き入れて小石川養生所を作ったとされる。この小石川養生所は現在の文京区の小石川植物園の一角にあり、隣りには旧教育大学のキャンパスがあった。為政者も時には味なことをやるものだ。

「用心棒」（1961年）

■これで名優C・イーストウッドが生まれた

東宝。主演＝三船敏郎。ヴェネチア国際映画祭主演男優賞、ブルーリボン主演男優賞など。続いて作られた「椿三十郎」はこの続編的性格と位置付けられる。

〈あらすじ〉賭場の元締め清兵衛と対立する丑松一家のせいでさびれてしまった宿場に浪人・桑畑三十郎（三船）がふらりと立ち寄る。丑松の子分3人をたちまち切り捨てた凄腕に清兵衛は大金をはたいて用心棒にする。清兵衛は一気に丑松を始末しようとするが、八州見廻り（役人）が現れ中止に。ところが隣町で役人が殺され、邪魔な八州見廻りがいなくなった。そこで清兵衛は……。

＊

後半に現れる丑松の弟・卯之助（仲代達矢）が持っている回転式けん銃だがこれは本物のスミス＆ウェッツソンNo1に空砲を装填したものという凝りよう。1857年から製造されているので、時代が幕末ならあっても不思議はない。そこはリアルさを追求する黒澤監督だからさすがといえる。

この作品がこれまでのいわゆる〝チャンバラ映画〟と一線を画すのは殺陣が本物志向だからだろう。無駄に刀をふり回すのではなく、人を斬ったら血脂が刃にまとわりつくことや、人は急所を外せば一度くらい斬られても死なないのではないかと考え必ず二度斬るという殺陣を考えたとされる。

劇中、腕がスパッと切り落とされる残酷なシーンがある。その腕を作ったのは出演している俳優の大橋史典なのだが、あまりのリアルな出来栄えに監督は不気味がって触ろうともしなかったという。当時の関係者が監督の意外な一面を証言している。

また、親子を救うシーンにしても現代ならすぐにいい子ぶった感動のドラマにしてしまう所だが、ここでは武骨な無頼漢ぶりが逆に生温かい。貴様なんか嫌いだから「早く行ってしまえ」みたいなぶっきら棒な言い回しひとつが黒澤流人間性の本質を見せてくれる。

1964年、イタリアでセルジオ・レオーネ監督によるリメイク「荒野の用心棒」が作られた。しかし無許可だったために著作権侵害だと東宝が提訴し、勝訴。全世界の興行収入の15パーセントを受け取ることで合意した。それだけでも用心棒の国内収入3億5000万円を楽に超える額だった。一説によると黒澤監督自身がセルジオに「君の映画は素晴らしい。だがこれは俺の映画だ」という手紙を送ったとか。

ただ「用心棒」は黒澤監督のオリジナルではなくダシール・ハメットの小説「血の収穫」から多くのヒントを得ている。自身、『黒澤明語る』(95、福武文庫)の中で「断らなければいけないくらい使っている」と白状している。

そしてこのリメイク映画で下積みが長かったクリント・イーストウッドが一躍有名になった。つまりこの日本映画が存在しなかったらイーストウッドという名優は生まれなかったかも知れないのだ。

彼自身も「クロサワには感謝している」と認めている。

仲代達矢は黒澤からオファーを受けた時「七人の侍」でエキストラ役という屈辱を味わっていたため次は断ると決めていたそうだ。監督がしつこく「台本が面白くないか？」と聞くから、仲代がそのことを話し「覚えていますか」と聞くと「もちろん、覚えているよ。だから君を使うんだよ」と答えたので仲代は感激して引き受けたという逸話もある。

ただこの作品に至る経緯は複雑だ。

「用心棒はある意味で喜劇です。だいたいこんなばかな話はない。その徹底的な楽しさだけを追求してゆく作品、それもまた映画なのだと思いました」——と自作を語っているが、このころ黒澤プロダクションは経営的に苦しくなっていたため収益が見込める作品が欲しかったという裏事情がある。ヒットしたから好かったものの、失敗したらどうなったか。まさにタイトロープ（綱渡り）である。

2008年の映画雑誌「エンパイア」では歴代最高の映画500本中何と95位にランクイン。何とも皮肉だ。

■「カ・イ・カ・ン」薬師丸が流血も撮影続行

「セーラー服と機関銃」（1981年）

相米慎二監督が亡くなって早や20年余。よく女優が泣いていたというほど厳しいことで知られたが、その女優が立派に独り立ちすると「もう一度相米監督とやりたい」と口にしたという伝説の監督だ。その業績を偲んでみよう。

取り分け有名なのはこの映画だろう。相米監督の代表作であり、薬師丸ひろ子を一躍大スターに仕立て上げた異色の青春映画「セーラー服と機関銃」。赤川次郎の同名小説が原作だが、その制作過程もまた変わっていた。

当時の伊地智プロデューサーがある日、娘から面白い本があると勧められたのがこの小説。この時、赤川次郎はまだ売れっ子になる前だった。

一方、前の年に「翔んだカップル」を薬師丸で撮っていた相米監督だが、何とそれより以前に監督自身が「セーラー服と機関銃」の企画を出していたのだ。そこで伊地智プロデューサーが、薬師丸を使うことを渋っていた角川を口説き落とすために一計を案じた。それは先に薬師丸に本を読ませて角川春樹を説得させるという作戦。それがズバリ当たり映画化にこぎつけたという訳。版権は主婦と生活社にあったが、交渉の結果角川から文庫として出版。これが100万部というミリオンセラーになり、赤川次郎も一躍ベストセラー作家になったというおまけ付き。

星泉はフツーの女子高校生。楽しい高校生活を送っていたが、ある日唯一の肉親である父がアメリカから戻った直後自動車事故でなくなった。マンションに遺骨を持ち帰ると父の愛人マユミが待ち構えていた。

一方、由緒あるヤクザ目高組の組長が病死した。跡目に指定していたのはなんと星泉の父親だったから組員は困った。若頭の佐久間は、葬儀で泉を見かけており数日後、泉の学校に大勢で押し寄せる。生徒や先生たちは怯えていたが泉は堂々と立ち向かい、佐久間に気に入られる。

車に押し込められ組事務所に連れ込まれたが泉は当然のごとく組長の座を断る。すると佐久間は、このままでは対立する松の木組に潰されるだけ。それなら殴り込みをするというので泉が引き留め組長を引き受けることになってしまった。

数日後刑事が訪ねてきて泉の父はクスリの運び屋をやっていて、誰かに殺されたのだと告げる。しかも組員の政がリンチに遭い殺された。

赤川次郎は最初から若者が怒りをぶつけるイメージを描いていて、セーラー服とは絶対合わない機関銃をぶっ飛ばすことでそれを実現させたという。

撮影中、あわやという事があった。機関銃を撃っているときビンの破片が薬師丸の鼻の横に当たり出血したのだが本人は気づかず、隣にいた渡瀬恒彦は演出にない彼女をかばうそぶりをしたそうだ。渡瀬らは流血を心配したが監督はそのまま撮影を続けた。後日、助監督だった黒沢清は撮影をストップさせるべきだったと語っている。

ラストシーンは新宿伊勢丹百貨店前の歩行者天国で2分半にもわたる長回し。セーラー服に赤い口紅、赤いハイヒールという異様ないでたちの薬師丸はさすがに恥ずかしかった。なかなか監督のOKが出ないので泣きそうだったという。しかし後に彼女は「人前にさらけだす覚悟が必要であること、演じることの怖さを監督から教わった」と語っている。このことがあったから女優を続けられたのだろう。

ヒットした主題歌「夢の途中」もひと悶着があった。最初、来生たかおがレコーディングまで終えていたのだが、相米監督が薬師丸に歌わせようと言い出し角川に知らせず収録した。姉で作詞の来生えつこがこれに怒り移籍する寸前になったが、結局どちらも発売することで決着。

興行収入はこの年トップの47億円を記録。映画の大ヒットにより翌82年には原田知世主演で、2006年には長澤まさみ主演でテレビドラマ化されている。また小説も続編「その後」が87年に刊行され、これは2016年に橋本環奈主演で映画化された。さらに第3作「疾走」もこの年刊行されている。

■相米組の常連・寺田農が手をあげ役を横取り

「ラブホテル」（1985年）

かつて映画界を、日活ロマンポルノという映画が席巻《せっけん》したことがあった。ピンク映画とは違い、きちんとしたストーリーがあり、約90分という尺の中で10分に1回は男と女が濡れ場を見せるという約束事があった成人映画レーベル。今では名監督と言われる人でもほとんどがこのロマンポルノで腕を磨いたものだ。

相米監督もそのご多分にもれず「ラブホテル」という作品を撮っている。後期ロマンポルノの傑作という位置づけをされているが、公開当時は賛否両論だったそうだ。神代辰巳、曾根中生、寺山修司らの助監督を経て初めて撮ったロマンポルノだった。

原作は石井隆の劇画で「天使のはらわた」シリーズの1作。

挿入歌がよかった。山口百恵の「夜へ」や、もんた&ブラザースが世紀末を思わせるやるせなく印象的な歌を聴かせているのでご記憶の方も多いだろう。もんたよしのりの「赤いアンブレラ」はとりわけ人気があった。

村木（寺田農）は人生に絶望していた。会社は倒産、妻（志水季里子）は取り立て屋のヤクザに犯された。最後にせめて女を抱こうと考えラブホテルにデリヘル嬢・土屋名美（速水典子）を呼び、ナイフを突きつけ女をいたぶり凌辱《りょうじょく》する。本当は一人で死ぬのが嫌で女を道連れにするつもりだったのだが名美のあまりの美しさにそれができなかった。

2年後、村木はタクシー運転手になり妻とつつましく暮らしていた。そんなある日彼の運転する車に名美が乗り込んできた。行き先は夜の港。村木は名美が入水自殺をしようとしていることに気がつきそれを止めた。

事情を聴くと名美は妻子ある太田という上司と深い関係に落ち入り、泥沼状態に。太田の妻（中川梨絵）が怒鳴り込んできたこともあったという。そして名美は村木に太田の家にある自分の写真や関係したものを持ってきて欲しいと頼んだ。

村木は2年前の事で負い目があったので、その依頼を引き受けた。名美はお礼に自分の身体を村木に預けるのだった。

ちなみに寺田農は「東京上空へいらっしゃい」を除いて相米慎二監督すべての作品に関わっている。ただし、「お引越し」ではメイキングのナレーションのみを担当。「魚影の群れ」と「光る女」では完成した上映版には1カットも出ていないがクレジットは表記されている。カットされてしまった部分に出演していたのだろう。

「台風クラブ」になると老人役の特殊メイクを施しているので見た目では分からない。この「ラブホテル」は台本を読んで「おれが村木をやる」と寺田が手を挙げた。実は、監督は他の役者を考えていたという。

低予算で撮影は10日間というハードスケジュール。お昼から始まった撮影が終わるのは翌朝7時。だから監督と役者がリハーサルの間はスタッフが寝ている。スタッフが準備している時は役者が寝ている。でも速水典子が寝ると監督が「起きろ！」と怒鳴ったそうだ。

相米監督はふだんから「映画は画より音だ」と言っていた。名美は大股で歩くことにしようと監督が指示した。そこで男のスタッフがハイヒールを履いて効果音を作ったという。ある対談で寺田と速水がそれをバラしていた。

撮影現場に使ったラブホテルは今も渋谷ユーロスペースから徒歩2分のところに現存する。ある役者は「だから2〜3年はあのあたりに行きたくなかった」とか。いやな思い出でもあったのだろうか。

86年の第7回ヨコハマ映画祭では1位（作品賞）を獲得。寺田農が主演男優賞、速水典子は最優秀新人賞を受賞するなど6冠。

同僚のタクシー運転手に佐藤浩市やカメオ出演で萬田久子らが顔を見せている。

■夏目雅子に「頭よくないわね」と言われた監督

「魚影の群れ」（1983年）

相米慎二と言えば無類のギャンブル好き。競馬や競輪に目がなく囲碁も好きだった。仕事をすっぽかして穴をあけるのもたびたびだった。だがさすがにこの青森の撮影では、青森競輪が遠い上に開催していなかったので抜け出すことはなかったようだ。

原作は新潮社から刊行された吉村昭の短編小説集。最初は「海の鼠」というタイトルだったが、文庫版で「魚影の群れ」に変更された。

下北半島の漁港・大間でマグロ漁師をしている房次郎。彼は妻のアヤが19年前に家出したため男手ひとつで娘のトキ子を育てている。そのトキ子に恋人ができた。依田俊一は喫茶店を経営していたが漁師を継いでもいいという。簡単になれると思われて房次郎は怒ってしまう。それから房次郎の船の前で漁を教えて欲しいと何日もねばる俊一に根負けして船に乗せる。だがある漁の最中に釣り糸が俊一の頭にかかり大けがをさせてしまう。退院した俊一はトキ子と家を出た。

1年後、ある港で房次郎はアヤに20年ぶりに会う。だがアヤのヒモになっている男から半殺しの目にあう。

俊一は見違えるようにたくましくなって帰ってきた。だが好事魔多し。俊一の乗った船からの無線が途絶える。房次郎は勘を頼りに捜索に出る。すると現場で300キロもの大マグロと格闘中の俊一は瀕死の重傷を負っていた。房次郎が釣り糸を切ろうとすると「俺も大間の漁師だ、切らないでくれ」と頼まれる。そして格闘の末マグロを仕留めるが俊一はそのまま息を引き取った。

小浜房次郎は緒形拳、トキ子に夏目雅子、俊一に佐藤浩市。アヤは十朱幸代、漁師仲間にエイスケという役で〝星の王子様〟こと五代目三遊亭円楽が出演している。

81年に深作欣二監督が松坂慶子主演で五木寛之原作の「朱鷺の墓」をやりたいと松竹に企画を挙げた。それが通ってカナダロケのセッティングなどかなり製作が進行していたのだが、ギャランティなど問題が続出。仕方なく深作は中止を申し入れた。困ったのは松竹。このままではかなりの損害が出そうだと踏んだ織田プロデューサーは代案を要求。そこでこの「魚影の群れ」をやると、相米監督が手を上げた。

撮影ではもし釣れなかった時のために電動の魚を用意していたそうだが、実際に撮影が始まると緒形拳がマグロをガチで釣り上げたシーンは圧巻。本物の漁師みたいだとスタッフからも拍手があがったそうだ。

相米マジックと呼べるほど長回しの連続で、船の漁のリアルさは抜群。小型の船で漁をすることの孤独さと恐怖がよく分かった。日本版「老人と海」だと評判になった。特に撮影アングルの絶妙さには、どうやって撮ったのか分からないと監督仲間からも絶賛の声が。

評論家のあいだでは、緒形拳と夏目雅子の親子が20年ぶりに再会するシーンが「ゾクゾクっとした」と評価されたものだ。夏目、あっぱれだと。ただ佐藤浩市は芋臭かったという声も。

キネマ旬報社刊『女優・夏目雅子』（２０１５年）の中で彼女はでこんなことを吐露していた。

「監督がさあ、私にイメージじゃない、って言うの。夏目さんは洗練され過ぎていて、漁師の娘には見えないって。イメージじゃなきゃ最初からキャスティングしなきゃいいじゃない。なのに毎日畳の上に正座させてお説教するんだけど急に変わるわけないよね。（中略）毎日付き合ってあげたけど、あまり頭よくないよね」とは、さすが27歳で夭折した彼女だが、すでに大女優の片りんが垣間見える発言だ。

房次郎がアヤと20年ぶりに再会するシーンは北海道の増毛で撮影された。ロケに使われた旧富田屋旅館は、１９３３年に建てられた歴史的建造物。老朽化が進んだため70年代終わりに営業をやめたが増毛町では保存運動を展開している。

第7回日本アカデミー賞では、緒形拳が主演男優賞をかっさらった。夏目は主演女優賞にノミネートされたが惜しくも逃がしている。

■工藤夕貴がオーディションでとんでも発言

「台風クラブ」（1985年）

相米慎二監督は岩手県盛岡市に生まれた。父の転勤で北海道の標茶町に転居したが6歳の時にその父が他界、小学5年の時札幌に、中学3年には釧路へと転居しているから北海道育ちといえる。こうした多感な少年はそのころから映画好きだったという。中央大学入学のため上京。そして縁あって長谷川和彦監督の口利きで日活の助監督に。なるべくしてなった映画人生だ。

この作品は第1回の東京国際映画祭ヤングシネマ部門でグランプリを取った記念碑ともいえる映画だ。台風来襲を背景に思春期の人間模様を描く。

地方のある都市。中学3年生の高見理恵はつまらない学生生活から逃げ出したくてチャンスを待っている。そんなある日担任の梅宮の授業中に大人たちが教室に乱入してきた。理由は梅宮に早く結婚しろと迫るためだった。

翌日、天気予報が台風の接近を告げている。生徒を心配して先生は生徒をみんな帰らせた。が真面目な生徒の大町美智子は昨日の事件の真相を聞き出そうと学校に残っていた。それをいいことに美智子に気がある清水健が彼女を襲う。が、彼女の背中のやけどを見て昔、理科室で彼女にケガさせたことを思い出し我に返った。

物音を聞きつけ理恵の彼氏の三上恭一と、男子といちゃついていた森崎みどりらも駆けつける。帰ろうとすると学校の玄関にカギがかけられ自分たちが閉じ込められたことを知り、却って都合がいいとばかりに乱痴気騒ぎをする。

理恵はそんなこととは知らずに家出をして東京に向かったが、ナンパされて男のアパートまで行くが、気を取り直して台風の中を家に帰る決心をする。

何だかお説教じみたストーリーでもあるが、どんちゃん騒ぎや家出の果てに、こんなことでいいのかと考え直す生徒たちに、明るい未来があるのがいいと評判に。

この映画で一躍注目を浴びたのが高見理恵役の工藤夕貴だろう。背伸びしてナンパされる中学生を大胆に演じている。当時13歳で「右も左も分からなかった。だからオーディションに受からなければいいと思っていた。私は主役以外やりませんとか、長い髪はトレードなので切りませんとか、とんでもないことを言っていた」と当時を思い出している。三浦友和はそれを見ていて「ひとり浮いている」と思ったとか。

その担任教師役の梅宮を演じた三浦も、それまで優等生的な役の多かった彼が、無責任な大人というこれまでのイメージから脱皮した演技で好評に。

そもそもこの役は糸井重里を予定していたという。三浦も当時、台本を読んで「これ、僕の役じゃないでしょ、と思いましたが糸井さんが断ってくれたおかげで相米監督に出会うことが出来た。俳優として大切なことを教えられた」と感謝の念を語る。一枚皮がむけたのか、以後コメディータッチな役が増えていくことになるきっかけとなった。

ベルナルド・ベルトルッチはこの作品を見て「大変感化された。創作意欲を刺激された」と語っている。

映画のロケ地は長野県の佐久市の私立中込中学校を3週間借り、夏休みを利用して撮影。だが期間中雨は一滴も降らず（もちろん台風も）スタッフは暴風シーンを作り出すのに苦心。庭に木を植えて倒れるようにするなどしたという。ご苦労さん。

面白いエピソードがある。映画が完成したら記念に上映会をしようと言っていたのだが、内容が、教師の恋愛問題やレイプまがいに家出、おまけに学校内での乱痴気騒ぎや、裸で校庭に出て雨の中で歌ったりはしゃぎまくるなど、教育委員会が目くじら立てるようなことばかり。というわけで上映会は自然消滅してしまい、ボランティアで出演したエキストラの生徒らは誰1人見られなかったという笑えないおまけ付き。

この中学校の校舎はその後不審火にあい焼けてしまうという残念な事件も。

大町美智子役の大西結花は第7回ヨコハマ映画祭で最優秀新人賞、三浦友和は助演男優賞に選ばれている。

■キョンキョンの「狂っちゃってる」演技引き出す

「風花」（２００１年）

鬼才・相米慎二は２００１年9月に肺ガンのため53歳で亡くなっている。早すぎる死だった。生涯独身。決して多作ではないが生涯にキラリと光る13作を残している。

ここに書けなかったものは例えば薬師丸ひろ子のデビュー作「翔んだカップル」（80年）や永瀬正敏のデビュー作「ションベンライダー」（83年）、斉藤由貴のデビュー作「雪の断章〜情熱」（85年）、第46回カンヌ国際映画祭に出品され芸術選奨文部大臣賞受賞の「お引越し」（94年）、第49回ベルリン国際映画祭批評家連盟賞を受けた「あ、春」（98年）などがある。

残念だったのは初の時代劇が出来る予定だった浅田次郎原作の「壬生義士伝」（02年）だろう。この作品のクランクイン直前に亡くなってしまったので、実質の遺作といえるのはこの『風花』である。ちなみに風花とは風に舞う雪のこと。

原作は鳴海章による同名の恋愛小説（講談社）。

舞台は北海道。澤城廉司は文部省のエリート官僚だが、ふとした出来心からコンビニで万引きをしてしまった。それが週刊誌にすっぱ抜かれて自宅謹慎の身。付き合っていた彼女にも振られた。やけ酒の勢いでピンサロ嬢のレモンと彼女の実家である北海道までついて行く約束をした。

しかしレモンの両親は帰ってきた彼女に一人娘・香織と会うことを許さなかった。廉司も上司からの連絡でクビになったことを知る。行く当てのない2人は黄色いレンタカーを借りて雪山に向かう。さまようちに山荘を見つけて泊まることになるが、食堂で知り合った男からレモンに、女性経験がない友人の世話をしてくれないかと頼まれる。レモンは最初こそ拒絶するが……。

廉司は気を利かせて部屋を出てゆきソファーで寝た。明け方部屋が明るいので覗くとレモンはいない。廉司は以前ピンサロで話していたことを思い出し彼女が雪の中で自殺しようとしているのではと思い当たる。まだ暗い雪の中へ探しに出た。そしてもうろうとしている彼女を発見し間一髪のところで救うことが出来た。

この映画はロードムービーになっており、ロケは北海道北部の古びた街並みがそのまま出てくる。明治・大正の面影が残る食堂、増毛・雨竜からレモンが自殺を図る大雪山系上川郡の愛山渓温泉へと移動。ここは旭川から北見に向かって国道39号を10キロ入った行き止まりにある。北海道に詳しい相米監督ならではのチョイスといえる。

シナリオ段階ではレモンが死ぬという設定になっていたそうだが、監督はそう決めずに撮り始めたそうだ。そしてテイクを重ねていくうちに小泉今日子と浅野忠信の感情の流れを見て結末をハッピーエンドにすることにしたという。

それにしても監督は自分の死をその3か月前（公開されて8か月後）まで知らなかったというから、

いみじくも死に対する考え方がここに反映されていると言える。

キョンキョンの肩の細さがとてもシーンにはまっていたとはファンの声。彼女は撮影のあとこう語っている。

「レモンの感情みたいなものを考えていた時に、それが自分のものなのか分かんなくなっちゃうみたいな。軽く狂っちゃってるかもっていう気持ちを始めて感じました」

一方監督も彼女のことを「がんばっているんだけど、映ると隙間があるんだよね」と2001年の「キネマ旬報」の対談で評していた。

浅野忠信は「何となく怖いおじさんという噂を聞いていたが出演の話が来て共演が小泉今日子さんだと聞いたら（コンサートに行くほどファンだったので）一も二もなく引き受けた」

また「監督からある日、お前は俺の敵だと言われびっくりした。リハも本番も最初の演技が一番よくて、以後はそれ以上よくならないという理由だったから」と語っている。

北海道の話というと、どうしても暗く悲しいものが多いが、ラストシーンに救われたというファンは多い。回想シーンの挿入の仕方など、さすが相米監督だなと、うならせる。

⑯ 異才　森田芳光が描き続けたもの

■タイトルは3代目三遊亭金馬のオハコから

「の・ようなもの」（1981年）

2011年に亡くなった森田芳光監督。

その作風はシリアスドラマからブラックコメディーはもちろん、ラブストーリーやアイドル映画、ホラーと幅広かった。

劇場映画の監督デビュー作としては、この「の・ようなもの」（1981年）だが、78年に「ライブ・イン・茅ヶ崎」という映画を作っている。これは自主製作映画展（現在のPFFアワード）入選。ここから本格的な映画人生がはじまった。

「の・ようなもの」は秋吉久美子主演の青春群像劇。舞台が落語の世界なのでコメディータッチ。この映画のキャッチコピーは「人間ってなんて面白いんだろう」だった。

それにしても栃木弁丸出しで演技経験ゼロ、無名の伊藤克信と有望新人秋吉久美子の本格デビューが大胆なソープランド嬢というのだからこれには誰もが驚いたことだろう。

東京の下町。出船亭志ん魚（しんとと＝伊藤克信）はまだ二つ目の落語家。23歳になったお祝いに兄弟子の志ん米（尾藤イサオ）がお祝いのお金を集めてくれて初めてソープランドに行く。相手をしてくれたのはエリザベス嬢（秋吉）。アル・パチーノに似ていることから彼女は志ん魚を気に入り、2人は食事に行ったりして付き合う関係になる。

ところがひょんなことから高校の落語研究会の指導をすることになった志ん魚だが生徒の由美（麻生えりか）が好きになり二股交際を始めた。由美の実家へ行くと父親の前で落語を一席披露するが由美も父親も口をそろえて「へたくそ」と一蹴。面目丸つぶれになってしまう。

失意の志ん魚はとぼとぼと深夜の街を浅草まで歩いて帰る。

一方、一門の先輩、志ん米が真打に昇進することが決まりみんなお祭り騒ぎ。エリザベスは心機一転、引っ越して新たな道を歩みだすことに。こうして志ん魚は取り残されてしまった自分の将来を改めて見つめ直すのだった。

落語がベースになっているだけに劇中ではたくさんの落語が出てくる。例えば志ん肉（しんにく＝小林まさひろ）が「野ざらし」、志ん水（でんでん）が「青菜」、志ん魚とその弟弟子・志ん菜（しんさい＝大野貴保）の前で女子高落研の先輩4人がリレーでするのは「道具屋」、由美の自宅で志ん魚が一席ぶつのは「二十四孝」、志ん菜が「たがや」。他にも落研の女子高生たちが「寿限無」を演じている。これだけでも仕込むのには大変な苦労がいっただろうと感心する。

伊藤克信は他にも「寝床」を演じている。森田監督は志ん魚役に適した若手落語家が見つからず、苦肉の策で当時大学生だった伊藤が「全日本落語選手権」に出ていたのを偶然見つけて口説いたという。実は森田監督自身が大学で落研に入っており、先輩に高田文夫がいた。この関係を志ん米と志ん魚のモデルにしたと、サンケイスポーツ紙で秘話を語っている。

この映画のタイトルにしてからが3代目三遊亭金馬のおはこだった「居酒屋」からとっている。これは居酒屋で主人が「できますものは、つゆ、はしら、タラ、こぶ、アンコウのようなもの――」というと客が「じゃあ、の、ようなものをもらおうか」と答える。落語通の監督ならではのセンスといえる。

そもそも料亭の一人息子であった監督は、実家を抵当に入れて資金3000万円を作ったというからやる気はハンパじゃない。「映画の旅人」というコラムに書いている。

また9代目入船亭扇橋、5代目春風亭柳朝、6代目三遊亭楽太郎が自分の役名で出ている。どこまでも落語づくしというわけ。

由美がスクーターで志ん魚を追いかけるシーンがあるがヘルメットをかぶっていないのはヘルメット着用が義務づけされる前だったからで違反ではない。

秋吉は「ワンシーン、カメラの位置をコロコロ変えるから面倒くさい監督だなと思っていたら、ある日呼び出されて、監督への尊敬のまなざしが欠けている」と怒られてしまったと、ある上映会で語っていた。第3回ヨコハマ映画祭の作品賞と新人監督賞を取っている。

■家族のドタバタ劇をシュールに描く

「家族ゲーム」（1983年）

原作は1981年にスバル文学賞を受賞した本間洋平の小説。

どこにでもあるような問題だらけの家族のドタバタをコミカルに、あるいはシュールに描いている。沼田家は当時、団地族と言われている4人家族。高校生で長男の慎一（辻田順一）は優等生だが中学生で次男の茂之（宮川一朗太）はどうしようもない落ちこぼれ。両親も手を焼いている。家庭教師をつけてもみんな呆れてやめてしまった。そして新しく吉本（松田優作）がやってくる。

彼の方針は昔流。言うことを聞かなければビンタをかまし言うことを聞かせるタイプ。勉強だけでなくけんかも教えた。すると茂之はいつもいじめられていた土屋に勝って意気揚々。次第に成績も上向きに。だがその反動が慎一に。これまでいい子を演じてきたがタガがはずれて親に反抗しだす。

やがて茂之の進学の季節になった。進む高校をめぐって吉本と両親が対立。茂之は結局親が決めた高校を受験して合格する。父の幸助（伊丹十三）は吉本に慎一の教師もお願いするが、勉強のことばかり話題にする幸助に怒って拒否､沼田家を去る。そして茂之は以前のようにやる気のない生活に戻ってしまう。沼田家は中央区月島に現存した都営勝どき六丁目アパートを使った。

劇中、横に長い食卓で家族が食事している異様で印象的な場面が現われる。普通は向かい合って座るものだが、それが横一列。まるでレオナルド・ダ・ヴィンチの「最後の晩餐」を連想させるがこれは家族と食事について考えさせようという監督の計算。おそらく吉本を降臨したキリストに見立てているのだろう。これに似た場面が「赤ひげ」にも出てくるから、明らかに黒澤明へのオマージュ。黒澤を尊敬する森田は「椿三十郎」のオリジナルの台本でリメイクを撮ったほどだ。

冒頭、伊丹十三の書いたエッセイ集『女たちよ！』の中の一篇「目玉焼きの正しい食べ方」をパロディにしたシーンが出てくる。半熟の目玉焼きの黄身をチューチュー吸うのは母乳を吸う幼児帰りを意味しているのかも知れない。母親役の由紀さおりが夫と目玉焼き談義しているのはいかにも昭和の主婦の典型。

この映画の特徴は音楽を排除したこと。食事の場面でも効果音しか使われていない。咀嚼《そしゃく》音が不気味すぎるという意見もあったがこれはもちろん計算の上。

松田優作といえばハードボイルド。それ以外の役を演じるのは珍しいといえる。怪演と言っていいだろう。

小津安二郎は俳優にわざと棒読みをするように演技指導したと言われるが、この映画もぶっきらぼうの松田といい、間合いの微妙な宮川といい、目線アングルの長回しなど、小津を意識した演出をしている。

『キネマ旬報』91年1月上旬号によればこの年の映画ベストテン1位に輝いている。日本アカデミー賞での作品賞、監督賞、主演男優賞（松田）など7冠を含めヨコハマ映画祭など多くの賞を総なめにしている。

完成記者会で森田は「私は天才です！」と豪語。これには記者はみんなア然とした。しかし「キネマ旬報1位を取ります」と断言してその通りになったのだからすごい自信と言わざるを得ない。松田も「俺たち、すごいものを作った」と森田をほめていた。

宮川一朗太は当時16歳。オーディションも不合格の連続だったそうで、この映画もどうせ通らないだろうとふてくされた態度で挑んだところ、それが役柄にピッタリだとよもやの合格。後日、共演者が松田優作と知らされてビビリまくったという。だが監督は宮川の芝居を見て「どうしようもないな、役を変えようか」と本番初日まで迷ったそうだが、本番ではうまくいき、松田からも「お前、本番に強いな」とほめられた。

この「家族ゲーム」はよほど人気があったとみえて、映画化に先駆けて82年にテレビ朝日で鹿賀丈史主演の2時間ドラマとして作られている。映画版と違うのは兄弟ではなく姉弟。またラストで吉本はインドに渡る設定になっている。

ＴＢＳでは83年に連続テレビドラマとして全6回の長渕剛主演ものを作っている。これは高視聴率に気をよくして翌年にスピンオフとして「家族ゲームⅡ」全11話も。さらに２０１３年にはフジテレビが櫻井翔主演の連続ドラマ版を製作している。どうやらこれからも作られそうな気配だ。

「失楽園」（1997年）

「失楽園」はベストセラー作家、渡辺淳一の代表作のひとつ。当時流行語にもなったほど。なぜ話題になったのか。それは一般の新聞には書けないような不倫という不道徳な内容が重要なテーマだったからだ。

それにもかかわらず95年に「日本経済新聞」に連載されると大反響を呼んだ。人間とはいかにのぞき見的なことが好きかという証拠でもある。97年に講談社から単行本として発行されると260万部という大ベストセラーとなった。

出版社に勤める久木祥一郎は、鎌倉のホテルで人妻の松原凛子と密会している。彼は元編集長だったが営業部と衝突して調査室へ左遷され腐っていた。カルチャーセンターから講演を依頼され、そこで書道を教えていた「楷書の君」とあだ名される松原凛子と知り合ったのが道ならぬ恋のきっかけだった。

次第に2人の関係は深まり、ある冬、日光・中禅寺湖畔のホテルへ一泊のつもりで旅行に出た。しかし翌日は吹雪が荒れ狂う荒天のため足止めを食らう。

久木は妻・文江から離婚を提案されていたのだが、このことでそれが決定的となる。凛子もまた以前から夫・晴彦との仲が冷え切っておりついに姑から絶縁を申し渡される。

このことは祥一郎の会社にも知れ渡り、彼は退職を決意する。そして2人は死を選択した。軽井沢の凛子の別荘でワインに青酸カリを混ぜて飲む。管理人が発見した時。2人は死後硬直で結ばれたままだった。

東映はそれまで渡辺淳一の原作を独占的に数多く映画にして、ヒットさせるという実績を持っていた。当時の岡田茂社長もまた最初はこの「失楽園」をウチでやるという腹積もりだった。しかししばらくして、東映で作ってもそこそこの成績しか残せないのではないか、出版という宣伝メディアを持つ角川ならもっとドカンと儲けることが出来るのではないかと考え直した。ちょうど角川歴彦からウチにやらせて欲しいと言ってきたので渡りに船となった。

角川書店は、93年に社長の春樹が大麻取締法違反で逮捕され社長を解任され、弟の歴彦が社長になったというドタバタがあり、新生角川として漕ぎだしたばかり。95年にヘラルド・エースを買収して映画産業への足固めをしたばかりだった。両者の利害が一致したわけだ。

実は歴彦は小説を読んで「実写は難しいのでは」とアニメでの制作を考えていたそうだ。

森田のデビュー作「の・ようなもの」をヘラルドで配給している縁もあり、森田が監督に指名された。岡田茂は「官能映画だから理屈っぽくしないで」と注文をつけた。出来上がると「森田さんも遊び人だからいい映画が出来た。やっていない奴が作るとダメだ」と『喧嘩の作法　岡田茂』という本で述べている。

ヒロイン探しは難航が予想されたが、森田と原プロデューサーが第1候補だった黒木瞳を口説くとあっさり快諾。当時スポーツ紙は川島なお美と黒木がヒロイン争いと書き立てたものだ。その川島はその後のテレビドラマで同じヒロインを演じている。痛み分けというところか。

原作者の渡辺は黒木に「これはオスとメスの話だから、ひたすらメスになってください」と言ったという。

製作スタッフは森田の前作「(ハル)」と7割が同じだったのでやりやすかったとか。全員で数日合宿し古今東西の恋愛映画を見たり、なぜ日本映画のセックスシーンはつまらないのかとデスカッションを重ね、その熱気のまま撮影に突入したそうだ。

公開してみれば観客の8割が女性。いかに女性のうっぷんがたまっていたかという事が証明されたようなもの。

興行収入40億円突破(配給収入でも23億円)を記録。もちろん日本アカデミー賞主演女優賞(黒木)をはじめ賞レースを総なめしたことはいうまでもない。第21回モントリオール世界映画祭に出品されている。エロスの世界に国境はない!

■「笑顔をみせないでくれ」と言われた堺雅人

「武士の家計簿」(2010年)

原作は気鋭の国文学者、磯田道史が神田の古書店で発見した一冊の古文書「加賀藩士猪山家文書」が基になっている。それをドキュメンタリーふうノンフィクションとして『武士の家計簿　加賀藩御算用者の幕末維新』という本にして新潮社から出版。すると20万部を超えるベストセラーとなった。

これは混迷する幕末、金沢藩の下級藩士、猪山信之・直之・成之親子三代が残した37年間にわたる経理の記録で、小遣いやら借金地獄、リストラの様子まで克明に記してあった。これほど完全なものは国史研究史上初めてという貴重な資料。目録でこれを見つけた磯田は16万円をポケットにねじ込むと神田に向かい、段ボール箱に入った原書を手に感動、一気に書き上げたという。神田の古書店には、まだこんなお宝本がゴロゴロしているかも知れない。

ちなみに磯田は備中鴨方藩重臣の直系だ。

直之(堺雅人)は剣術の腕前はからっきしだがソロバンに天賦の才があり、同僚からは「算盤バカ」と揶揄《やゆ》されていた。御蔵米勘定役を務めていた折、藩の不正を発見、重臣の奥村にそれを訴えるがもみ消されてしまう。それがもとで妻・駒(仲間由紀恵)ともども能登輪島へ左遷の憂き目をみる。だが城下で一揆が起きて目付が動き、ようやく藩の不正が明るみに。不正を働いた藩士に処罰が下る。

そして不正を訴えていたことが評価され藩主・前田斉泰の側支えに抜擢された。正直者は「バカを見なかった」のだ。

だが天保13年（1842年）、気がつけば猪山家の台所は火の車に。当主は家督を譲り受けた8代目の直之だったが、父の信之（中村雅俊）の反対を押し切り不要な家財一切を処分して借金返済に充てることとした。信之が趣味で集めていた骨董もすべて売り払う。

4歳になった成之のお祝いには紙に鯛の絵を描いて宴を行ったほど困窮していた。原因は義母（松坂慶子）が駒に猪山家のやり方を押しつけた無駄遣いのツケだった。どうにか立て直した家計だったがすでに世は幕末。

元服した息子・成之（伊藤祐輝）も御算用方として出仕するが父と衝突ばかり。西洋式陸軍の訓練を受け禁門の変、鳥羽伏見の戦いに出陣。大村益次郎に認められて新政府のもとで働く。映画は成之が海軍主計大監に出世して回顧するところで終わる。

原書には成之が8歳の時に天然痘にかかって死の淵をさまよった様子が書かれてある。父の直之は役所で借金すると、なし、みかん、たらこを買って食べさせ、医者も3人、そして紙に祈って赤紙二枚とお神酒三本を神棚に。涙なくしては語れない、とはこのことだろう。泣かせる実話だ。

映画はだいたいが原書に沿っているが、不正を暴いた直之が藩主の側支えという役に抜擢されたというのはフィクション。また成之の4歳のお祝いに紙の鯛を出したことになっているが実際は妹の熊が2歳の時の「髪置き祝い」で紙の鯛をだした。

信之が江戸屋敷の門を赤く塗ったのは自分が進言したからだと自慢げに言うシーンがあるがこれは現在の東大赤門のこと。ただし信之の進言と言うのは事実ではない。

ロケは金沢市や滋賀県のほか、近江八幡市の八幡堀とその周辺の伝統的建造物群保存地区で行われた。セットでは表せないリアリティーを楽しめる。

原書ではその後の猪山家が悲劇に見舞われたことなども書かれているが、なぜこの古文書が流出したかにまでは触れられていない。

あるインタビューで堺雅人は「監督からあまり笑顔を見せないでと言われました。だから笑顔が少なめです」と語っている。ソロバンもほとんどやったことがないので「名人級の先生とレッスンをしたのですが間に合わないので、ピアノの4小節のメロディを弾くようにごまかし方を教わった」とか。仲間由紀恵はこの映画のおかげで断捨離をするようになったと告白している。

ちょうどこのころ「サムライ・シネマ」がブームになり映画会社5社が共同でキャンペーンを行っており、「十三人の刺客」「桜田門外ノ変」「雷桜」「最後の忠臣蔵」とともに「武士の家計簿」もこの仲間入りをしている。特に金沢では上映館が連日満席。15億円の興行収入を挙げている。２０１３年には朝原雄三監督による「武士の献立」が作られているが、この作品に触発されて作られたようだ。

■出演者を自然体にさせた森田の感性と手腕

「阿修羅のごとく」（2003年）

原作は向田邦子の脚本で1979年〜80年にNHKでまずドラマとして放映された。パート1が全3話、パート2が全4話。

ちなみにこのテレビドラマのキャストは長女綱子が加藤治子、次女巻子が八千草薫、三女滝子はいしだあゆみ、四女咲子に風吹ジュンが。父の恒太郎は佐分利信が演じていた。

その後文庫化されて出版。これが映画の基になっており、テレビドラマの全7話を統合した形をとっている。「失楽園」の筒井ともみが脚本を手掛けた。ドラマで長女役だった加藤治子は映画版ではナレーションに回った。冒頭で「阿修羅」の意味を説明している。

さて映画版に戻ろう。

里見家に4人姉妹が集まっている。三女の竹沢滝子（深津絵里）が、話があるといって次女宅に集まってもらったのだ。それは数日前、滝子は父の恒太郎（仲代達矢）が愛人らしき子連れの女性と歩いているところを見たというのだ。母のふじ（八千草薫）には内緒にすることで一致したが……。

実は4人ともそれどころではない。それぞれ悩みを抱えているのだ。長女の綱子（大竹しのぶ）は夫が不倫している。次女巻子（黒木瞳）も夫に女の匂いを感じている。四女咲子（深田恭子）は同棲相手とうまくいっていない。滝子自身ももう三十路寸前だというのに男っ気なしで焦っている。

興信所に調べてもらうと確かに女性は愛人だったが子供はその連れ子だということが分かった。毎週火曜日と木曜日に彼女のアパートに通っていたことも。

数か月後、新聞の投書欄に「老いた父に愛人が。母が不憫だ」という40代の主婦からの投書が載っていた。姉妹たちはまさか巻子が書いたのではと疑うが確証はない。

やがてそれぞれの家庭に波が立ち、丸く収まった家庭もあった。

トゥレット障がい（チック症）の中村獅童や次女・巻子の夫（小林薫）とその秘書役の木村佳乃が色気を感じさせて好演。

余談になるがこのテレビ版では大騒動があった。緒形拳は「彼女の書く男が情けなさ過ぎて、演じるのが嫌になった」とパート2への出演を拒否。佐分利信も脚本を読んでいる途中で帰ってしまった。このことが原因ではないだろうが向田と和田勉が絶交してしまった。その辺の事情は和田勉が著書『向田邦子をめぐる17の物語』で詳しく書いているから興味のある方は読むといい。

大竹しのぶは「この映画がヒットしたら、向田さんが残してくれた大事なものが語り継がれていくと思う」とクランクアップ後に語っている。

黒木瞳は「向田さんの作品を感性豊かな森田監督がメガホンを撮るというので、今回私は気合を入れないことを目標にしました」という。朝ご飯を食べて、お化粧してセットに入って、そのまま日常が出るように心がけたそうだ。

深津絵里は「向田さんの描かれる昭和の雰囲気には憧れを持っていました。撮影に入ったらマナ板の鯉状態で、ただ調理されて自分なりに消化して演じている日々でした」とか。

深田恭子も「昔のお話なので洋服や街並み、セットが新鮮でいろいろな発見があって楽しく演じました」という。

向田邦子へのリスペクトはそれぞれ深いものがあったようだ。

撮影は8割がセットだったが、深キョンがアルバイトをするのは本郷の喫茶「ロイヤル」、黒木が亭主の浮気を疑い張り込みするのも本郷の旅館「鳳明館」だが、わざと神楽坂三丁目の看板を立てている。他に向田が杉並区に住んでいた関係で区内を通る五日市街道周辺と、阿修羅ゆかりの地でもある奈良の生駒山上の遊園地などが使われた。

ともあれ黒木瞳の夫役を演じた小林薫が「女は阿修羅だな」とつぶやく名シーンは映画史に残るだろう。

第27回日本アカデミー賞、第46回ブルーリボン賞でともに監督賞、ほか作品賞も。2004年には山本陽子、中田喜子、秋本奈緒美らで舞台化もされた。

⑰巨匠・森谷司郎が描く日本の光と影

■凍傷は当たり前、過酷な撮影に脱走した俳優も

「八甲田山」（1977年）

日本の映画史上に燦然と輝く名作の数々を残した監督・森谷司郎が亡くなって39年が経つ。そこで今回はその名作秘話をご紹介しようと思う。

「八甲田山」は新田次郎の小説「八甲田山死の彷徨」が原作。公開当時大きな話題となり北大路欣也扮する神田大尉の「天は我々を見放した」という劇中のセリフが流行ったことでも知られる。

簡単にストーリーをおさらいしよう。

１９０２年（明治35年）、日清戦争に勝利した日本に新たな脅威が現われる。中国進出を虎視眈々《こしたんたん》と狙うロシアの存在だ。相手は零下40度の酷寒にも耐える軍隊を持つ。我が国も厳寒の装備と対策が必要ということになり弘前第八師団の旅団長友田少将（島田正吾）と参謀長・中林大佐（大滝秀治）が雪中行軍を計画。青森歩兵第五連隊の中隊長・神田大尉（北大路欣也）と弘前歩兵第三十一連隊の中隊長・徳島大尉（高倉健）にその命令が下る。

徳島大尉は雪山の怖さを知っており、10泊２４０キロの行程を27名の少数精鋭で行くことにする。

一方神田大尉は小規模の兵で3日間の行程を具申したが大隊長の山田少佐（三國連太郎）はメンツを考えて210名という大行軍を命じる。1月20日に徳島隊が出発、23日に神田隊が出発したが天候は悪化の一途。3日たっても吹雪はおさまらず、しかも神田隊は大隊長の干渉で命令系統がズタズタになり行軍は四散。その結果兵士は吹雪の中に次々と倒れてしまう。徳島大尉は合流地点に現われない神田隊を心配したが賽の河原で彼の死体を見つける。神田大尉は199名遭難の責任をとって舌を噛み自決したのだった――。

この撮影は映画史上類を見ない過酷なものとなった。実際、裸で死ぬ兵士の肌が紫がかってみえるが、これはメイクではなく本当に凍傷にかかりはじめたからだ。また数名の俳優はこの過酷な撮影に耐え切れず脱走したという。

高倉健は長期にわたる撮影を見越して、自分のマンションと愛車のメルセデス・ベンツSLを売ってしのいだ。自身も軽い凍傷にかかったと後に語っている。

撮影スタッフも死ぬほど苦労した。大雪の山中に大型の照明器具は持ち込めず電源も確保できなかった。カメラの木村大作は「こんな兵士がバタバタと死んでゆくだけの映画が到底ヒットするとは思えなかった」と回想しているが「この映画がなかったら今の自分はいない」とも。雪崩で先頭のカメラが埋まりあわや、という命がけの毎日。高倉健は「監督より先にOKを出すカメラマンを始めて見た」と驚いていたそうだ。

当初の計画では八甲田山をよく知る案内人を頼む予定だった。しかし山田少佐が独断でそれを却下したという。一説には神田大尉が事前に報告しなかったため山田少佐がへそを曲げたとも言われているが真相は藪の中だ。

製作側も当初は東映に持ち込まれた話だったが、後に日本映画界のドンといわれた岡田茂社長が「明治物などウケルかい」と否定的で、やむなく東宝に持ち込まれたのだとか。

神田大尉役は最初渡哲也にオファーしたというが、健さんのたってのご指名で北大路欣也に変更になった。撮影現場の駒込川渓谷、田代元湯などは現在「駒込ダム」を建設中で将来はダムの底に沈むことになる予定だという。完成は2031年だとか。

不謹慎だが、公開直後、雪国では子供たちが雪の中に突っ込む〝八甲田遊び〟というのが流行ったそうだ。裸で凍死した兵卒をマネたという。

この映画はサラリーマンの間で大好評。監督は公開後「集団行動における統率や失敗」についての講演を経団連などから頼まれて困ったそうだと、助監督の神山征二郎、斉藤伍長役だった前田吟、登山家・野口健が対談で明かしている。

配給収入25億9000万円は当時の記録だ。

■高倉健のギャラ2500万円、吉永はたった600万円

「動乱」（1980年）

この映画は昭和史に残る五・一五事件から二・二六事件に至る激動の時代を背景に、ある青年将校の行動とその愛を描いたもの。

当時フリーのプロデューサーだった岡田裕介が父の岡田茂から「東映のカラーを破る企画を考えてみろ」といわれ、恩師でもある森谷監督に相談したことからプロジェクトが動き始めた。

最初は澤地久枝のドキュメント「妻たちの二・二六事件」が候補にあがったがまだ関係者が健在でプライバシーの問題もあり流れてしまった。そこで山田信夫に脚本を依頼することに。それは最初から高倉健と吉永小百合のアテ書きで「2人がOKしてくれなければ企画はご破算に」と決めていたと言う。

特に高倉健は「八甲田山」の大ヒットのおかげでオファーが目白押し。健さん自身も「悲劇的な作品が続くのは嫌だ」と難色を示したため森谷監督は根気よく2年間も返事を待ったという。吉永も最初は「東映といえばヤクザもの」という先入観から敬遠していたが集められたスタッフに触れてそうではないことが分かって安心。ビビリも解消した。

映画は2部構成で第1部「海峡を渡る愛」は昭和7年から始まる。

仙台の陸軍。宮城大尉（高倉）の連隊の初年兵・溝口（永島敏行）が上官を殺して脱走したが捕らえられて銃殺刑に。当時の日本は厳しい経済恐慌のため庶民は貧困に苦しんでいた。溝口の姉・薫（吉永）もそのため身売りされたと知り宮城は同情するが、この責任をとらされて朝鮮の国境警備隊に転任となる。彼がそこで見たのは軍需物資の横流しなどで腐敗しきった兵隊組織だった。そんな中、不満をためた将校たちによる五・一五事件が起きる。

第2部は「雪降り止まず」。昭和10年、宮城大尉は東京の第一連隊に配属され、再会した薫と暮らしていた。軍部は皇道派と統制派に分かれて対立。宮城の家には青年将校たちが訪れては日夜議論を繰り返している。宮城の家の前では憲兵隊の島謙太郎兵曹長（米倉斉加年）がその動向を見張っていた。そしてある日、宮城の恩師でもある神崎中佐（田村高廣）が軍務局長を暗殺。それは宮城が実行するはずの計画だった。それまで薫の身体に触る事すらなかった宮城だったが初めて彼女を抱いた。昭和11年2月26日、雪の降りしきる中、兵士たちは決起した。

ギャラは健さんが当時最高の2500万円で、吉永小百合はたったの600万円。だが女優の場合、宣伝を兼ねてたくさんの雑誌に出るので結局同じくらいの額になるのだそうだ。

サロベツ原野でのロケでは吉永小百合が大変な目に合っている。マイナス8度という寒さの中、長じゅばん一枚で4時間ロープで縛られ木に吊るされた。おかげで仮死寸前になったとか。しかもそんなすごいシーンなのに映画ではカットの憂き目に。残念と言うしかない。

そんな吉永だが、撮影の昼休みにロケバスでみんなが昼食をとっているのに、「1人寒い原野に立っている健さんを理解できなかった。でも後で陸軍将校になりきるためにしているということが分かって役になりきる姿勢に圧倒された」と語っている。

また吉永は本作が90本目の出演だったが「これまで何をやってもダメだった」でも監督と高倉が24時間映画の話しかしないのを見て「まだこういう人たちがいたのか」とその情熱に感銘を受けたという。高倉は監督とは食事をしない主義で有名だったが、森谷監督だけとは食事をした。吉永は「なぜそうなのか質問したくても恐くて聞けなかった」そうだ。

ロケはSLが走る静岡の大井川鐵道の金谷駅を山陰本線の八木駅に見立てた。御前崎遠州灘県立自然公園にある浜岡砂丘や紅葉の八幡平赤川温泉などで行われた。

公開されると評価は賛否両論。批評家の間では厳しい意見が多かった。軍国主義者を愛国主義者として美化し、愛のドラマに仕立てて女性客を集めることに成功したという一方、藤原彰は「クーデターを貧しい農民救済にすり替えた」、あるいは山根貞男や白井佳夫も「メロドラマが隠れ蓑になっている」「小細工の芝居が似合わない健さんの個性が生きていない」などだが、評価は9億5000万円という興行収入が語っている。

■映画の方が先に完成していた「青函トンネル」

「海峡」（1982年）

すっかり大作映画の監督という肩書がついて回るようになった森谷監督だが、逆にそのせいで他の作品と比較されることが多くなり、痛し痒しといったことになってしまった。

この映画も健さんと小百合の主演ということで製作段階から注目を集めた。実話がベースになっていることもあり、なにかと「黒部の太陽」（1968年公開、熊井啓監督）と比較されてしまったのは仕方のないことだった。どちらもトンネル工事の映画であり実話。しかもあちらは三船敏郎、石原裕次郎という大スターで売った大作。作品の評判も上々だったのだから。

さて批評家の目にはどう映ったか。

当時、青森と北海道をつないでいたのは青函連絡船だった。太平洋戦争が終わっても、続いて起きた朝鮮戦争の余波で、機雷が津軽海峡に流れてきて危険極まりなかった。そのために浮上したのが津軽海峡海底の下100メートルにトンネルを通そうという計画だった。全長53・85キロメートル（通称ゾーン539と呼ばれた）。もちろん完成すれば世界一だった（現在は英仏海峡トンネルに抜かれて世界2位だが）。

折しも1954年（昭和29年）には台風により洞爺丸が函館近くの七重浜沖で沈没、1155人もの犠牲者を出すという日本海難史上最大の惨事も起きている。

ついに１９６１年（昭和36年）に工事が始まり、先進導坑開通が１９８８年（63年）、本道開通は１９９０年。その間30年かかったことからも分かる通り34人の尊い命が奪われるという難工事でもあった。

さて物語は岩川隆の同名小説がベースになっており、文部省特選に指定されている。

阿久津剛（高倉健）は地質学を学んで技師として国鉄職員となった。トンネルの地質調査のため竜飛岬を訪れる。そこで偶然身投げをしようとしている女、牧村多恵（吉永小百合）を助ける。彼女はかつて福井の旅館で働いていたが、自分の不始末から出火、11人のお客を死なせたという過去を持っていた。

トンネル工事計画は国鉄総裁の交代劇などがあり一度は消滅しかかったが、何とか実現に向かう。掘るのが得意なベテランのいわゆる〝トンネル屋〟のモサたちも集まってくる。その中には腕利きだがゴネることで有名な源助（森繁久彌）らもいた。

しかし工事が進むにつれ絶え間なく出水や事故が続き、ついに仲間から死者が出た。作業は困難をきわめる。そんな苦労も知らず、青森では若者たちがねぶた祭りに浮かれていた。そんな最中に阿久津の父が危篤という知らせが。帰郷の準備をしている折も折、先進導坑ではポンプの排水能力を超え出水、どんどん水没してゆくのだった――。

森繁久彌が口ずさむ「流浪の旅」が何ともうら悲しい。「流れ流れて落ち行く先は北シベリア、南はジャワよ、何処の土地を墓所と定め……」

映画のラストでは本道貫通を描いているが、何と先進導坑貫通は映画公開の翌年、本坑はさらにその2年後の1985年。つまり映画の方が先に完成していたことになる。そうしなければ映画が完成、公開できなかった訳だから仕方ないと言えば仕方ないが、何となくこの矛盾に違和感を覚えるのは筆者だけではあるまい。

2017年の北海道新聞によれば青函第2トンネルの構想もあるとか。

この映画で南こうせつが初めて映画音楽に手を染めた。主題歌「友ありて」は阿木燿子作詞、こうせつ作曲だが、電子オルガンまで使って壮大さを出す必要があったのだろうか。

工事がメインの映画だけどどうしても「黒部の太陽」と比較されてしまう。それにしても吉永小百合、三浦友和は役をもっと突っ込んでもよかったのでは。友和の暴走族ケンカシーンは完全にズッコケ。中川翔子のお父さん中川勝彦は6000人のオーディションで選ばれている。しかし出番はチョコット。惜しい。

東宝創立50周年記念として社運を賭けた作品でもあった。

■鬼気迫る鶴田浩二の演技とメーク

「聖職の碑」（1978年）

森谷監督に回ってきたのは今度も遭難がテーマの映画だった。前年の「八甲田山」が思わぬ大ヒット。そこで2匹目のドジョウを狙ったのか、東宝の上層部は再び新田次郎の小説にターゲットを絞った。だが結果は「八甲田山」の25億9000万円に遠く及ばない5億3500万円の配給収入にとどまった。

小説のモデルになったのは1913年（大正2年）、長野県の中箕輪高等小学校の生徒ら37人が中央アルプス・木曽駒ヶ岳で遭難した事故だ。

中箕輪高等小学校では以前から登山と集団宿泊を目的とした行事が行われていた。この小説は事故に至るまでの状況と極限状況でとった師弟愛を描いたもの。

映画では最初から遭難の原因を暗示するような教員同士と村の助役や実力者たちとの争いから始まる。登山に反対する白樺派の理想教育主義の教員たち（三浦友和や田中健）たちと実践的な教育を主張する教員、お役所との対立だった。それを校長の赤羽（鶴田浩二）はなんとかまとめる。そして前年の計画書をもとにした計画が練られる。結局生徒25名、地元の青年会から9名、引率の校長と教員3名の計37名が参加することになった。

事前の気象状況も飯田測候所に問い合わせると大丈夫だという。ただ予算が削られ地元の山岳ガイドを雇うことができなかった。これがその後の生死を分けることになろうとは知る由もなかった。次第に雲行きが怪しくなるが、それまでは予定通りに進んでいた。だが山の稜線に出るころになると風が強まり不安が的中する。実は台風が予想より早いスピードで彼らに近づいていたからだ。

なんとか伊那小屋にたどり着く一行。しかし小屋は他の登山者の火の不始末から半壊していた。赤羽は仕方なく仮の小屋にビバークすることを決意する。しかし暴風と横殴りの雨は容赦なかった。ついに生徒のひとりが低体温症で死亡するとパニックが伝染。青年会員らは赤羽の指示を無視して下山を始める。それに従う生徒たち。結局樹林帯まで避難できたものは助かったが、11人の死者を出す惨事となった。その中には防寒シャツを生徒に与えた赤羽校長の姿もあった。

最初は鍛錬派と批判的だった有賀先生（北大路欣也）だが、その人道的行いに感じ入り慰霊碑の建立に奔走する——。

この映画では後半にある、臭いものにはフタをするという、現在の風潮を批判する人道主義や教育の問題が真のテーマだろう。

大竹しのぶが田中健と恋に落ちる役で第2回の日本アカデミー賞助演女優賞を受けている。

地元の中学生数人が東京の児童劇団員に交じって生徒約で出演している。

現在も箕輪中学校では慰霊のための登山を伝統行事として毎年行っているという。実は遭難事故があってから12年後に慰霊のための修学旅行として登山が再開されたのだが、その時、偶然にもそれまで行方不明だった圭吾くんという少年の遺骨が発見されるという奇跡も起きた。

地元・長野県で子供の頃、駒ヶ岳へ登らされた人の体験談によれば「専用のリュックや登山道具を買わされた。登頂後に高山病にかかりロープウェイで下山する生徒もいた」という。とても中学生が登山するような山ではないようだ。

描写がリアルで、台風のせいで火事で半壊の小屋が吹き飛ぶシーン。

「……先生、小屋が、ありません！」

このセリフが学校でふざけて流行したと話す。笑い話ではない。

ある映画館が当時宣伝のチラシに「ゾンビメーク」と書いて配ったことがあった。これはさすがに不謹慎だろうと批判された。

音楽はクラシック作曲の大家・林光が担当。配給収入は5億3700万円だった。

⑱ 藤田敏八が魅せるハードボイルドの世界

■日活青春映画の黄金期に終止符を打った作品

「八月の濡れた砂」（1971年）

早いものだ。パキさん、こと藤田敏八監督が肺がんから肝不全になり、亡くなってからもう26年を過ぎた。1997年8月27日没。享年65歳。助監督時代に西河克己監督が「パキスタンの皇太子みたいな顔だな」といったことから仲間内ではそう呼ばれたが、一般的には「ビンパチ」の方が通りがいい。

1932年に日本統治下の現在の北朝鮮・ピョンヤン郊外で生まれている。父が鉄道員だったため終戦で故郷の三重県四日市市に引き上げてきた。

東京大学在学中に演劇に目覚めるが、どうやら秀才だったようだ。

東大を卒業するとそのまま日活に入社、映画の道へ一直線。舛田利雄、蔵原惟繕といった実力監督の下で腕を磨くが、同時に藤田繁矢のペンネームで脚本も執筆している。蔵原惟繕が監督した浅丘ルリ子主演「愛の渇き」（67年）で、なんと日本シナリオ作家協会のシナリオ賞を受賞しているほどだ。

さて『八月の濡れた砂』はセックスと暴力を前面に押し出した異色の青春映画。藤田監督の代表作でもあるがもちろん共同脚本としても参加。

舞台は湘南。1970年代当時、しらけ世代といわれた退廃的に生きる無軌道な若者を描いている。清（広瀬昌助）が海岸をオートバイで走っていると、下着姿の少女・早苗（テレサ野田）を見かける。不良学生たちに乱暴されたのだ。全裸で海に飛び込むと体をゴシゴシと洗っていた。清が家から服を持ってくると早苗は消えて妹の真紀（藤田みどり）がいた。清を暴行犯と勘違いして警察に行こうとする。

数日後、清はオープンカーに乗った不良学生たちを見つけたので友達の健一郎（村野武範）とボコボコにしてしまう。ところがヤクザがやってきて逆に清たちが半死半生の目にあわされる。

この作品が作られたのはテレビドラマで人気になった「飛び出せ！青春」の半年前で、それ以前に「この青春」で反骨精神の若者を演じた村野武範をワルに、不良役が多かった中沢治夫を優等生にキャスティングしたのはイメージをくつがえしたかった監督の思惑だった。またエキゾチックなテレサ野田を大人びた少女役に大抜擢したのは「70年代の新しい映画を予感させる」と、娯楽映画研究家の佐藤利明がヒットした秘密を語っている。

日活といえば石原裕次郎が衝撃的なデビューを飾った「太陽の季節」や「狂った果実」に代表されるように青春がオハコだった。だが映画産業が斜陽化するにしたがって新しい路線を模索しなければならなかった。

こうして日活がロマンポルノに舵を切ったのがこの公開直後で、いわばこれが黄金期の日活青春映画に終わりを告げた映画といっていい。

初号試写はスタッフで超満員。上映が終わると拍手がやまなかったという。

最初は清の役を沖雅也が演じるはずだったが、クランクイン早々、バイクの転倒事故で沖が骨折してしまった。そこで俳優座の若手・広瀬昌助をピンチヒッターに。

主題歌は石川セリが歌っているがシングル盤ではなぜかA面が「小さな日曜日」で、エンディングのタイトルロール「八月の濡れた砂」はB面になっている。この話には続きがある。

当時若者に人気があったTBS「パックインミュージック」のDJをしていた林美雄はたまたま仕事帰りで池袋の映画館に入りこの映画を観て、石川セリの歌に感激、すぐさま藤田監督と石川を番組のゲストに呼んだという。しかもそれが縁となって、芋づる式にスタッフや関係者が番組に招待されることとなった。

作曲のむつひろしはニューミュージックの先駆け。ザ・キングトーンズの「グッド・ナイト・ベイビー」や和田アキ子「どしゃぶりの雨の中」などで名を成している。

ロケは神奈川県の葉山。清の家に使われたのは逗子近くの食料品店「宝屋」で、そこから隣の「ヘンケル理容室」を中心に逗子の商店街が舞台となっている。健一郎と和子がすれ違うシーンは田越川にかかる橋の上だ。

■17歳若妻役・秋吉の小悪魔的な魅力爆発

「赤ちょうちん」（1974年）

今回は秋吉久美子を主演に抜擢《ばってき》してヒットを飛ばした『赤ちょうちん』を紹介しよう。南こうせつがリーダーだったフォークグループ「かぐや姫」のヒット曲を思い出す方も多いはず。160万枚売り上げた「神田川」に次ぐ四畳半3部作の第2弾として生まれたかぐや姫の6枚目のシングル。これを新しい青春映画の決定版として藤田監督がメガホンをとった。かぐや姫のファンは「歌と違う！」と怒るかもしれない。これをドリフの志村けんがコントにしていたな。

前項でも書いたが「八月の濡れた砂」のあと、日活はロマンポルノへと舵を切った。藤田もその路線に従い「エロスは甘き香り」（73年）や「実力不良少女 姦」（77年）などを撮っているが、その合間に一般映画にも手を染めている。それがこの「赤ちょうちん」と「妹」「バージンブルース」でロリータ感たっぷりの秋吉久美子を起用した主演3部作（いずれも74年）だ。

これには訳がある。「神田川」がミリオンセラーになると、映画会社各社は映画化権を求めて争奪戦を繰り広げることとなった。

そして東宝が草刈正雄、関根恵子主演で「神田川」（74年、出目昌伸監督）を撮ったので日活も負けじとこの作品の映画化権をもぎ取った。実は松竹も「同棲時代」を撮った山根成之監督、松坂慶子、近藤正臣主演でやりたいと手を挙げていた。マスコミはこぞって〝歌謡映画〟の競作だと書きたてたものだった。

東京の片隅。17歳のまだ幼い霜川幸枝（秋吉）は久米政行（高岡健二）と結婚した。といっても1人暮らしの政行は知り合った幸枝をアパートに泊めたとき、彼女が置き忘れていった現金書留のお金を競馬で使ってしまったことが縁でオママゴトのような同棲が始まったものだ。

それから逃げるように4回もの引っ越しをするが、幸枝の妊娠や出産、隣人とのイザコザ、病院での赤ん坊の取り違え事件などを通してもがく2人。様々な人々との関係を描く。

監督は政行を22歳に設定。駐車場の管理人をしており、根は真面目だがジコチューでだらしがなく、まだ結婚して家族を養うという自覚に欠ける人物にしている。幸枝は未成年ということからスーパーのレジ打ちで家計を助け、故郷に入る祖母に仕送りまでしているが、どこか頼りないお人よし。

この幼くて頼りない若い夫婦像を当時の世相をバックに描いたことで人々の共感を呼んだ。特に赤いマフラー、ブランコ2人乗りキッス、銭湯、公衆電話、パンタロンといった昭和感あふれる情緒と秋吉久美子のか細く弱弱しい小悪魔的演技が評判だった。なんていう事のない話の連続じゃないかと思うがちゃんと人生の奥深さが描かれている。

最初に住んだアパートはすぐ脇を電車が通り、そのたびに部屋が揺れる幡ヶ谷のアパートという設定だから京王線沿線に違いない。近くに火葬場があって政行がいないときは怖がる幸枝だった。

次に住んだのは新宿区柏木。家同士が接近していて政行が隣の家に飛び移るシーンがある。3回目の引っ越しは赤ん坊が生まれるという事からのどかに暮らせる地域（調布）と設定。最後は下町、葛飾区の長屋のようなところ。ロケハンにはけっこう苦労したらしい。

それにしても登場人物にかぐや姫のメンバーを使わないでなぜ山本コータローなんだという批判もあった。しかもそのコータロー、劇中でセリフはまったくなし。ファンの目には不可解と映った。一方チョイ役だったが樹木希林の存在感はさすがと噂された。

脚本を書いたのは「団地妻　昼下がりの誘惑」の中島丈博だが後に、深沢七郎の短編小説「月のアペニン山」から着想を得たと語っている。かなり酷似した部分があるため一部では盗作ではないかと騒がれたことがある。

余談になるが藤田監督自身、4回の結婚を経験している。これも何かの縁だろうか。ちなみに4人目の妻が女優の赤座美代子だ。

この年のキネマ旬報ベスト9位に入っている。

ちなみに南こうせつが作曲した「おかえりの唄」が21年からJR杵築駅の到着メロディーになっている。

■人気絶頂フェミニン全開の浅野温子

「スローなブギにしてくれ」（1981年）

野球界では大谷翔平が大活躍。二刀流という言葉がトレンドになった。その例にならえば藤田敏八は「映画界の三刀流」という事が出来る。

前にも書いたがシナリオ家として賞も受けている。が、その他にも俳優としての顔もあった。東大在学中に俳優座の第5期生として養成所に入所しており、同期には平幹二朗がいた。

監督業をこなしている合間に他の監督作品に俳優として散発的に出演しているのだ。特に鈴木清順監督の「ツィゴイネルワイゼン」（80年）の青地豊二郎役では日本アカデミー賞優秀助演賞を受賞するほどその演技力は高く評価されていた。

そのすきをかいくぐって（？）メガホンをとるというまさに芸術的快挙を達成していたわけだ。だから三足のワラジならぬ三刀流ということになる。そして次第に俳優業へ軸足を移していくことになるのだがその話はまた別の機会に譲ろう。

さてこの『スローなブギにしてくれ』は人気絶頂の浅野温子を初の主演にすえて撮った快作となる。

原作は75年に角川の「野性時代」に応募して第2回野性時代新人賞を受賞した片岡義男の青春小説。第74回の直木賞候補にもなっている。

東映と角川春樹事務所の製作。当時の『映画情報』誌によると、松竹が藤田監督、松坂慶子主演で「上海バンスキング」を予定していたが契約上の問題でまとまらなかった。その間隙をぬってこの映画に先を越されてしまったと書いている。

映画は原作とかなり違ったものになった。「ひどい雨が降ってきた」と「俺を起こして、さよならと言った」という片岡の短編にオリジナルのストーリーを加えたものだからだ。

ゴロー（古尾谷雅人）が第三京浜国道をバイクで走っていると白いムスタングから放り出された女と仔猫を見かけて助ける。それがさち乃（浅野温子）との出会いだった。同棲が始まったがゴローがケンカしてバイトを辞めてしまったので、さち乃はクイーンエリザベスというスナックで働いていたが、ヨリを戻そうとムスタングの男（山﨑努）に会いに行く。しかしその男も福生の米軍ハウスで同僚のカップルと3人で暮らすと言う妙な生活をしていた。

映画初主演にもかかわらず浅野温子の、ストーリーと何の意味もない全裸シャワーシーンが出てくるが、これも見せ場づくりのサービスか。それにしてもフェミニン全開の浅野の可愛さにはみんなノックアウトされたという。ただ惜しむらくはスレンダーなボディには似合わない厚化粧が気になったという意見も。

主に神奈川県大和市と東京の福生市を中心にロケ。多摩地方のなつかしい風景も見られるが、福生市にある米軍基地とハウスが外国情緒を引き出している。

今は亡き原田芳雄、伊丹十三、室田日出男、古尾谷雅人といったそうそうたるメンバーが顔をそろえている。

面白いのは映画に出演するために前代未聞の「仔猫オーディション」なるものを開催したことだろう。書類選考を通過した仔猫164匹が銀座にある東映本社に集められ、その中から12匹が選ばれた。審査員は監督と助監督、それに浅野と江戸屋猫八という面々だった。

映画に登場するスナック「クイーンエリザベス」の名は当時、角川事務所が輸入していたウイスキーの銘柄から付けられた。考えてみればいいかげんなものだ。

藤田監督の代表作の1本とされているが、興行的にはアップアップの客の入りだったそうで配給収入3億8500万円にとどまった。

主題歌は南佳孝が歌って大ヒット。オリコン6位を記録した。作詞は松本隆、作曲は南佳孝。10年後の91年にはホンダ・シビックのイメージソングとして使われている。

内野聖陽主演で、これをもじったTVドラマ「スローな武士にしてくれ〜京都撮影所ラプソディー」(19年)なるものもお遊びで作られている。

■石田えりと高橋ひとみが背中の流し合い

「ダブルベッド」（1983年）

藤田敏八監督は本格的に俳優業にも取り組んでいた。「瞳の中の訪問者」（77年）の守衛の役を皮切りに「ツィゴイネルワイゼン」（80年）の青地豊二郎役、「四季・奈津子」（80年）ではオーディションの審査員役、「上海異人娼館チャイナドール」（81年）の島田役、「タンポポ」（85年）は歯が痛い男役、「熱帯楽園倶楽部」（94年）の観光客役、「秋桜」（97年）では高校の校長役などだ。テレビでも大河ドラマ「琉球の風」（93年）にテーゲー親方役で出演している。他にもあるがはぶく。

一方、監督業として日活のロマンポルノ路線でも傑作を残している。それが大谷直子と石田えりダブル主演の本作だ。「十八歳、海へ」以来、4年ぶりに古巣の日活で撮ったもの。

原作は中山千夏の官能小説で、エロス大作の1本として製作された。脚本は荒井晴彦。

公開当時のプレス資料にはこんな一節が書かれている。

「柔らかいペニスの中に最初の血液が吹き上がるのを、女の唇が感じる。2度、3度ペニスは身震いし、やがて女は充分に育ったペニスを口から産み落とす」

大胆な描写を下敷きに、一組の夫婦と若いカップルの性生活をウィットに富んだものとして描いたのは藤田監督の手柄だろう。

友人の葬儀の帰り道、加藤敏之（岸部一徳）と妻の雅子（大谷直子）は馴染みの飲み屋「五十鈴」で山﨑徹（柄本明）とその女・三浦理子（石田えり）と合流。そのまま加藤の部屋で呑み続け、敏之と雅子がセックスする。数日後、徹と雅子はラブホへ直行。図書館に勤める理子は帰りに声をかけられた若い男とメイクラブ。理子は徹に飽き足らなさを感じているのだった。

こう書くと誰もがセックスのとりこになっているようだが、実際、団塊世代が反戦運動で盛り上がり、それがポシャルとあとはセックスしかないということを暗示しているよう。石田えりと高橋ひとみの混浴背中流し合いのシーンは必見。石田が巨乳をはだけてオナニーにふけるシーンは圧巻の一言。バーで客の吉行和子と鈴木清順が会話している場面。ライオンの交尾の話で花を咲かせている。ピアニカを吹きながらセックスになだれこむ石田。

加藤と山﨑がこんな会話をする。

「おれはやりたいんだ。やっていたいんだ。それだけだ」

すると加藤が山﨑にグラスの酒をぶちまける。

「人の女房を！　ばかやろう」

「時代屋の女房」で知られる脚本家・荒井晴彦が言いたかったのは単なる廃退ではなく性を通して自由を得ることだったのではないか。

団塊世代は学生運動が終わったら、あとはセックスしかないのかい、と叫んでしまいたい感もある。

それを如実に表わしているのが雨が降る中で行き場のない岸部一徳が壁に向ってしきりにボールを投げている空虚なシーン。なんとも抽象的だ。

それにしても中山千夏といえば天才子役として知られ歌手、タレントとして活躍した。アニメ「じゃりン子チエ」の声といえば分かるだろう。〝おまけ〟に参議院議員にもなっている。そんな人が官能小説を書いたなんて、まさに絵に描いたようなマルチの才能に脱帽するしかない。

映画冒頭の亡くなった友人・上野の妻役で赤座美代子も出演している。音楽は宇崎竜童が担当。

脱線するが、一般映画としては原田芳雄主演の「赤い鳥逃げた?」(73年)、沢田研二の「炎の肖像」(74年)、梶芽衣子「修羅雪姫」(同)、山口百恵「天使の誘惑」(79年)、といった話題作も撮っている。「リボルバー」(88年)が最後の作品となったが紙面の都合で紹介できないのは残念だ。

また、藤田の俳優業としては、TV愛の劇場「ラブの贈りもの2」の渡辺隆造役への出演が最後となった。その最終回が放送された日が命日だというのもどこか因縁めいている。

⑲エロスとバイオレンスの石井隆という男

■主演を境に俳優として開花した竹中直人

「天使のはらわた　赤い眩暈」（1988年）

2022年5月22日、劇画家で映画監督の石井隆（本名は石井秀紀）が亡くなった。3年前から闘病生活を送っていたそうだが、周囲に明かすことはなかった。享年75歳。宮城県仙台市出身。「天使のはらわた」シリーズや「GONIN」など、独特の性愛とバイオレンス描写で人気を博し、若者から中高年までファン層も厚かった。70年代に沸き上がった劇画ブームの火付け役の1人だ。

その人柄と作品を偲んで回顧したいと思う。

早稲田大学在学中から文才と画才があった。出木英杞のペンネームで商業誌に劇画を発表していたが「ヤングコミック」に発表した「天使のはらわた」（1977年）が若者に爆発的に受けて日活がこれに目を付けた。こうして翌年、日活ロマンポルノに映画として登場する。人気に火が付きシリーズ化が決定。するとその2作目で脚本家としてデビューすることに。

監督としてのデビューはこの「天使のはらわた　赤い眩暈《めまい》」だ。煽情的なシーンにもどこかメランコリックな感情があり、他のロマンポルノとは一線を画していた。

これがシリーズの第5作目になるが、ビデオに押されてロマンポルノのムーブメントが幕を閉じた記念すべき作品でもある。

一応全5作のタイトルを挙げておく。「女子高生　天使のはらわた」（78年、曾根中生監督）、「天使のはらわた　赤い教室」（79年、同）、「天使のはらわた　名美」（79年、田中登監督）、「天使のはらわた　赤い淫画」（81年、田中敏春監督）、そしてこの「赤い眩暈」となる。

またこれとは別に、94年に「赤い閃光」というのも作られている。

22歳の土屋名美は看護婦。カメラマンの太田健二と同棲していていずれは結婚することを夢見ている。ある病院の夜勤の日、ナースコールが鳴って病室に行くと2人の患者に襲われる。危うく難を逃れて家に戻ると、部屋では健二がモデルの真子とセックスの最中だった。名美は家を飛び出すが、会社をクビになりやけになって車を走らせていた証券マンの村木にはねられる。名美が我に返ると村木が彼女を……。

主演の名美は人気AV女優の桂木麻也子が演じて可愛いと好評。健二は小林宏史、村木は、まだ髪の毛がふさふさ（信じられない！）だった竹中直人。

竹中はそれまで「笑いながら怒る人」などのネタでコメディアンデビューしていたが、この映画の主演を境に俳優として開花することになる。

ある日所属していた劇団青年座のゴミ箱に映画の台本が捨ててあったので「これ、誰に来た仕事？」

と聞くと「君にだけどロマンポルノはやらないでしょう」といわれたからあわてて「やるよ、やりたい！」と言ったという。

パテイ・ページの人気ナンバー「テネシー・ワルツ」がラストを締めくくり印象的。

劇中、竹中の立ちションと桂木の座ションが流れてきて画面の中央でY字に交わるのは笑える。

「赤い教室」における名美役だった水原ゆう紀と村木役・蟹江敬三の方が、デキが上だというファンもいたが「泣けるけど勇気が出る作品だ」というのが一般的な評価だ。

名美人気はすごく、次第に1人歩きすることになる。ちなみに名美を主人公にした番外編は「ルージュ」(84)、「ラブホテル」(85)、「赤縄果てるまで」の3作があり、いずれも石井隆脚本。

これとは別にテレビドラマ「夜に頬よせ〜過去を抱いた女」(88)というものまである。彼女と出会った男たちが運命を狂わされていくというキャラクターがいかに魅力的だったかが分かる。

本作は第4回にっかつロマン大賞特別賞を受賞している。また「赤い淫画」では第8回おおさか映画祭の脚本賞に。

■椎名桔平に「空気や匂い、想いまで映るんだぞ」

「ヌードの夜」（1993年）

石井隆監督の訃報に際して、彼の作品の多くに主演した竹中直人が追悼文を寄せている。その一部を掲載してみたいと思う。

「石井監督はコンプレックスのかたまりでした。ぼくが電話すると、ぼくの映画なんて誰も観たいなんて思ってないですよ、ってそんな哀しい事ばかり言います。すぐに子どものようにすねるんです。（中略）あるカットが上手く撮れると石井監督の何とも言えない少年のような笑顔がチャーミングで、その顔を見られるととても嬉しかった」

彼の監督へのリスペクトぶりがよくわかるコメントだ。

この映画は93年に公開された石井隆監督による第3作目にあたる。配給は95年に角川に買収されて消滅したヘラルド・エース。

エロスとバイオレンスが詰まったハードボイルドの傑作と言われる。石井監督独特の情念的な感性が存分に表れている。まさに90年代の息苦しい世の中に、ひときわ輝く美学を演出して特筆されるものだ。日活独特のアクションの味もあり退廃的な映像美は高く評価される。露出度はそれほどでもなくロマンポルノとは一線を画しているといえよう。たとえばポルノに必要ないような、銃が頭にのめり込むシーンなどがその象徴だ。

石井監督のファンでもあった竹中直人がぜひとも映画化したいと、強い熱意をもってアクションを起こしたというから、それが実ったことになる。

簡単なストーリーを紹介しよう。

ゴミ掃除から犬の散歩まで、どんな仕事でも請け負う「何でも屋」の村木哲郎は廃ビルに紅次郎という事務所を構え住んでいる。ある日、土屋名美という女が、東京を案内して欲しいと依頼してきた。仕事を終えて戻ると名美から電話が。ホテルに預けた荷物を取ってきてくれというのだ。指定されたホテルにいってみるとそこには死体があった。名美は広瀬という男からプロポーズされ、腐れ縁で付き合っている、このホストクラブ支配人でヤクザの行方が邪魔になった。そこで罪を村木になすりつける計画を思いついたのだ――。

これまでの「天使のはらわた」シリーズで使った自作の主人公の名をここでもそのまま使っている。また石井監督というと同じ俳優を使うことで知られている。主演の村木は竹中直人が演じることに。名美は余貴美子、行方は根津甚八という配役。

それにしてもデビュー間もない仙道役の椎名桔平が狂気を含んだ演技をたっぷり魅せているのは特筆もので完全に竹中を食っているといえよう。ただ、本作で竹中がみせたシリアスな演技も評判がよかった。それもファンには新鮮に映ったようだ。

「石井組はいいですね。月日がいつまでたっても変らない。僕は技術的なことはあまり分からない。そうでもないことを感じることの方が楽しい。石井隆という人間を」とあるインタビューで語っていた竹中。

さらに彼は、役作りはしないという。なぜなら、「役は現場で生まれていくもの。映画って順番に撮っていくものじゃなくてバラバラに撮り、あとでパズルを組み合わせるようにひとつにするでしょう。だから現場で大事なのは瞬発力と集中力。役作りなんて必要ない」というのだ。竹中の演技を見ていると確かに即興的な感じが随所に見られる。

本作が出世作となった椎名桔平は「フィルムには空気や匂い、想いまで映るんだぞ」と監督に言われた言葉をいつまでも大切にしていると語った。

その年のキネマ旬報ベストテンの9位にランクイン。

サンダンス・フィルム・フェスティバル・イン・トウキョウ94グランプリ。94年間代表シナリオ、95おおさか映画祭最優秀撮影賞、95高崎映画祭、最優秀作品賞&最優秀男優賞（椎名）などを受賞している。

音楽は「北のカナリアたち」「孤狼の血」などで知られる安川午朗が担当。

２０１０年には続編「ヌードの夜／愛は惜しみなく奪う」も作られている。こちらも好評に迎えられた。

「GONIN／サーガ」（2015年）

■引退した根津甚八を口説き1作限りの復活

『GONIN／サーガ』は2015年に公開されたバイオレンス・アクション映画。前作「GONIN」（95年9月）、「GONIN2」（96年6月）の正統続編と銘打ち、その19年後という設定になっている。

なぜ正統続編と言っているのか。それは前2作が松竹で作られたのだが、これは「角川＝現KADOKAWA」で作られているから。

ではなぜ、そんなややっこしいことになったのかというと、実は松竹で全2作の製作総指揮をとったプロデューサー奥山和由の解任騒動という事件があったためだ。

これは諸説あるが、当時の松竹社長は父親の奥山融。奥山一族による会社の私物化を恐れた反対勢力が経営不振を理由にクーデターを起こしたというのが有力。そこで続編をまったくしがらみのないKADOKAWAで作ろうという機運が19年後に高まったから。

主演は東出昌大だが、長い闘病生活を送っていた根津甚八を石井監督が説得して引っ張り出したという涙なくしては語れないエピソードがある。ゆえにこれが根津甚八の遺作となった。

根津は体調を崩し2010年に俳優引退を宣言していた。その前後15年に渡り自宅療養を続けていたその根津の自宅を石井監督はたびたび訪れ、熱心に出演するように口説いた。根津と石井はかつてからの盟友であり石井作品8本に出演している仲だからだ。

当時のスポーツ紙も根津の1度限りのスクリーン復帰に驚いて大騒ぎ。これもよい宣伝になったようだ。（根津は2016年12月29日没）

完成記者会見で石井監督はこう述べている。

「ぼくは根津さんの私生活を一切知らないんですね。今回、初めてご自宅におうかがいしたんですけど。酒はよく飲みましたけど、すべて現場です。現場で寝ないで体を張って撮った映画を通しての友達なもんですから、その現場で培った言葉で、今回も誘ったら『やる』といわれた」

出演オファーを引き受けた生々しい秘話ではある。

また石井監督は脚本を書いている当時、根津が体調の悪化を口にするのを聞き、その一因は自分にあったと責任を感じていたことも明かした。

役どころは汚職で首になった元デカ。19年前の襲撃事件で銃弾を受けてずっと植物人間だったという設定。

大越組の若頭・久松茂の息子・勇人は真面目な人生を送っていた。そのころ大越組・組長の息子大輔は五誠会会長の孫・式根誠司の愛人・麻美から五誠会の隠し金を奪うようそそのかされる。19年前の大越組襲撃事件を追うルポライター富田は勇人の母・安恵にこの情報を与えたため、安恵はひとりで五誠会に殴り込むも逆に始末されてしまった。富田はそれが自分のせいだと考えて大輔と勇人に五誠会の隠し金を奪う計画を持ち掛けるのだった……。

撮影の真っ最中に東日本大震災がありシャンデリアが宙づりになるという危機一髪のハプニングもあったがなんとか無事にクランク・アップした。

琉花役の土屋アンナは結婚披露宴で流れる森田童子の「ラスト・ワルツ」を聴きながら「うぜってえなあ」と思ったそうだ。

竹中直人は前2作にも出ているが今作では表向きは私立探偵、裏の顔はスナイパー。竹中はすべての作品で企画から関わっている。

ルポライター富田慶一役（柄本佑）が持っていた拳銃は本物を使用。もちろん警察の監視の元でのこと。

15年度のキネマ旬報日本映画ベストテン第6位、「映画芸術」ベストテン第3位、第25回日本映画プロフェッショナル大賞第4位、２０１6年度第40回のエランドール賞で新人賞に柄本佑が選ばれている。第34回バンクーバー国際映画祭、第45回ロッテルダム国際映画祭、第43回ゲント国際映画祭などに出品あるいは正式招待されている。

興行収入は４５００万円だった。

■本気のＳＭ、杉本彩が週刊誌を〝占拠〟

「花と蛇」（２００４年）

『花と蛇』は言わずと知れた団鬼六の官能ＳＭ小説が原作になっている。１９６２年「奇譚クラブ」に花巻京太郎というペンネームで初掲載。その後「アブハンター」という掲載誌で続行。９年間、総数８００ページ（挿絵なし）にも及ぶ圧倒的な物量で、75年に完結した怪物的読み物。

当時は話題になった小説「家畜人ヤプー」と並び奇書とされる。裏社会を描いた内容が気に入らない右翼から中止をしろと脅されたこともあるという。

この作品の映画化は多数ある。取りあえず羅列してみよう。

「花と蛇」（74年、小沼勝監督）、「花と蛇　地獄変」（85年）、「飼育篇」（86年）、「白衣縄奴隷」（以上3作は西村昭五郎監督）、「花と蛇　究極縄調教」（87年、浅尾政行監督）、そして04年に石井隆監督が「花と蛇」、その翌年に「花と蛇２」のメガホンをとっている。

それ以後も「花と蛇３」（10年、成田裕介監督）、「花と蛇ＺＥＲＯ」（14年、橋本一監督）がある。いかに人気があったかがこれだけでも分かろうというものだ。

その中でも石井監督による作品は美的センスがあり評判が高かった。

「ＳＭを題材に撮るのに中途半端なことをするのは一番カッコ悪い！　リアルなＳＭを撮ろう、本当にリアルなＳＭを撮ろう」と石井監督は考えた。

刺青、拘束衣、緊縛、レズプレイ……。過激でアブナい映像に本気度１００パーセントで挑んだ。先輩諸氏の映像を超えるものを、社会通念をくつがえす映画のスクリーンという場所で表現のタブーの限界に挑戦したといえる。

その「共犯者」に選ばれたのが女優・杉本彩だった。

団鬼六の小説にあるとおり、主役は美貌の麗人。絶世の美女でなくてはならない。そのターゲットとして杉本彩はまさに適役だった。

だが撮影は過酷を極めた。生半可な女優根性では撮り終わる事は出来ない。相当な覚悟で臨んだという。

裏社会の大御所・田代（石橋蓮司）は世界的タンゴダンサー・遠山静子を映像で見つけとりこになる。部下の森田（遠藤憲一）に命じて静子の夫・遠山隆義（野村宏伸）を脅迫し、自分のパーティーに誘い出す。夫に裏切られたとも知らない静子は田代の罠にはまっていく――。

荒縄緊縛のまま乳首に針を刺されたり、水を張った桶の中に顔をつけ息がまともにできないことも。ましてや利尿剤を飲まされむりやり放尿させられる。皮膚は裂け、血管は切れ身も心もズタズタになるハードな現場。それは日本の映画史上かつてない挑戦でもあり、杉本彩という女優にマスコミが連日群がった。

週刊誌もこぞって3年ぶりに鬼才・石井ワールド復活と打つ。それはまぎれもなくSM官能文学の一大モニュメントだった。

映画の公開直前、4大週刊誌はなんと総計72ページの特別企画をぶち上げ、グラビア袋とじを展開。合計なんと560万部を発行したというから驚く。いわば社会現象といっても過言ではなかった。だが当然それは警察との駆け引きをも意味していた。

杉本彩はこの映画出演が縁で自ら官能小説を書いてみたり、週刊アサヒ芸能に「エロスの伝道師」を自任していると公言している。

この時、映画業界初の有料ホームページができた。そこで、テレビでは絶対不可能な未公開の禁断の映像が見られたわけだ。

現役緊縛師・有末剛による芸術的な緊縛指導に喜んだS氏も多かったことだろう。

初めての鑑賞者には杉本彩の心が解き放たれる様を見て、あれは演技ではないと思った人も多かったらしい。生々しい調教シーンはどこまで本物かと混乱した人も。撮影で撮ったもののとても公開できないフィルムが相当あったというが、それはどこへ行ってしまったのだろう。

書籍は1巻から8巻まで角川文庫(完結するはずだった9巻は未刊行)、富士見書房が9巻を含め初めて完全版を出した。他に幻冬舎アウトロー文庫や太田出版から3巻本が出ている。

■企画の縁で高橋伴明と関根恵子が結婚

「死んでもいい」（1992年）

この映画は1980年に西村望が発表した小説「火の蛾」による。当初は原作と同じタイトルの予定だった。

完成まで、なんと10年の歳月がかかっている。といってもさまざまな行き違いがあって2度も企画が頓挫したのがその理由。

まず、最初は1982年。東映サイドが「女性に見てもらうポルノ映画」を考えてにっかつ撮影所（1978～96年は平仮名表記の社名）に打診。東映は関根恵子主演、池田晴敏監督というラインまで設定していた。脚本はにっかつの企画営業部が石井に書かせることにしたという。ところが後の『シナリオ』誌に石井監督は「誰かがすでにシナリオを書いたが、池田監督が自分の所にシナリオを依頼してきた」と吐露している。どちらが本当なのか分からない。

脚本は色々注文がついて難航したが完成した脚本を、まだ監督業に転身する前の伊丹十三が読んで大いに感心したという。

ところが同じころまだ無名だった高橋伴明が関根恵子主演で「TATTOO［刺青］あり」を撮りたいと企画をにっかつに持ち込んできた。このダブルブッキングからとんでもない「おまけ」が出てきてしまうことになる。

実は「火の蛾」の企画を持ってきたのは佐々木志郎で彼は「ラブレター」で関根と仕事をした仲。そこでこんがらがったこの2本の映画をうまく処理しようと、佐々木は高橋と関根らを中野の旅館に呼び話し合うことにした。するとそこで計算外のことが。初対面だった高橋と関根が意気投合、ロマンスに発展したのだ。

急転直下の結婚報道に週刊誌はてんやわんや。1982年9月と公開日まで決まっていた「火の蛾」は撮影どころではなくなり、無名だった高橋伴明は一躍時の人に。

これにはまだおまけがある。「TATTOO［刺青］あり」は無事に82年の6月に公開され、スキャンダルもあいまって関根の演技力が評判になった。そして仕切り直しになった「火の蛾」だが、新婚旅行から帰った関根は突然「裸はイヤ」とゴネ出した。新郎の高橋伴明から、どう言われたのかは分からないが進言のあったことは推測される。

当時の「週刊現代」によると「裸を売り物にする時代は終わったと関根恵子が心変わり」とある。高橋が裏で糸を引いているのではという報道もあながち的はずれではないだろう。

そもそも「火の蛾」は東大阪で起こった実際のスキャンダラスな事件を基にしている。タイル職人に弟子入りしていた青年が親方の奥さんとデキてしまい、奥さんの手引きで親方が酔っぱらっている夜中に絞め殺したというもの。それだけにたっぷり関根の露出を期待していたファンはがっかり。

この騒動で関根が所属していたＩＦプロダクションは「東映さんに申し訳ない」といって関根をクビにしてしまった。

そして2度目は１９８９年、石井の親友でもあった相米慎二が背中を押してくれて再び企画が蘇る。監督は石井がやることに。設定などは脚本を大幅に書き換え、主演を樋口可南子にオファーして再出発。東京新聞には「石井隆の怨念か？頓挫の末に実現」と書かれた。しかし、ここでもクランクインわずか2日目に樋口が「監督とはシナリオの解釈が違い過ぎてついていけない」と降板してしまうという思わぬ事態に発展。石井監督はスタッフに土下座までしたという。その前日には松田優作が亡くなっている。

こうして2度の空中分解を経験したが、91年に3度目の正直が。今度は大竹しのぶ、永瀬正敏で撮らないかというものだった。大竹は「もう年齢的にできなくなるかもしれない」と考えてこの役を引き受けたという。92年10月、こうして難産の末無事に完成、公開された。

第45回毎日映画コンクールで大竹が田中絹代賞、テッサロニキ国際映画祭で最優秀監督賞、トリノ国際映画祭で準グランプリなど受賞多数。

大月市と江東区木場・東陽付近を中心にわずか25日間で撮影された。劇中に流れるちあきなおみのヒット曲「黄昏のビギン」が物哀しく印象的で効果抜群だった。

⑳ 知って得する名画のトリビア五輪

〈洋画編〉

■イギリスでは酷評も日本で大ヒット

「小さな恋のメロディ」（1971年、ワリス・フセイン監督）

舞台はロンドンのある公立学校。そこでは教師と、その教え方に不満を持つ生徒たちとがいつも対立を繰り返していた。気の弱い11歳のダニエル少年（マーク・レスター）は、知り合ったメロディ（トレイシー・ハイド）と意気投合、なんでも悩みを打ち明ける仲に。やがてそれは密かな恋心と事件に発展するが……。

〈トリビア〉

ラストシーンではダニエルがトロッコに乗って去ってゆくが、この時マーク・レスター君は他の映画の撮影中で参加できず、仕方なく体形がソックリの代役をあわてて探し、コーネリアスという少年を使ったという。

本家のイギリスでは映画の公開時、評判はさんざんだった。ついで公開されたアメリカでも最初のタイトル「Melody」では恋愛映画と分からない、と批判され「S・W・A・L・K」に変更しようとした。（Seald With A Loving の訳）しかしこれではさらに分からないと三たび変更され「Melody」に戻ったという経緯がある。そんな苦労があったにもかかわらずヒットしなかった。

だが日本では切なさそうなこのタイトルが受けたのか、マーク・レスターの可愛さ人気？で予想外の火がつき大ヒットを記録。ワリス・フセイン監督がようやく面目を保ったというのは皮肉な話だ。日本さまさまだった。

ダニエルの友人として爆弾マニアの少年が登場する。爆弾テロが横行する現代だったらとても公開できなかっただろう。

なんとこの脚本を書いたアラン・パーカーは監督が忙しかったせいか、人手が足りなくて第2班の監督として運動会のシーンを撮影させられたというおまけつき。

全編にビー・ジーズの名曲が流れ、巧みに感情を盛り上げている。特にテーマ曲の「メロディ・フェア」は大ヒットした。ほかにもクロスビー、スティルス、ナッシュ&ヤングといった大物アーティストが楽曲を飾っている。だがサウンド・トラックのCD化は日本だけという不思議も、日本で大ヒットしたということが関係しているのだろう。ただこの甘い旋律に騙されてはいけない。

なぜ日本だけでウケたのか。一説には当時世界中で反戦運動が起こっていた。その反動があるのではないかという。だから当然？アメリカの保守層が冷淡だったというのだ。それにしても若者が体制批判をするというのがテーマだったというのは監督も少し計算外だったのでは？　だがそれまでにない新鮮な感覚を呼び起こしたのも事実。ここにもマーク・レスター君の可愛さだけでは説明がつかない謎が残った。

■数多のスピンオフを生んだが実は「本家」ではなかった

「エマニエル夫人」（1974年、ジュスト・ジャカン監督）

パリのアパルトマン。外交官夫人のエマニエル（シルビア・クリステル）は刺激のない上流階級の生活に飽き足らず、夫のジャン（ダニエル・サーキイ）を追ってタイのバンコックへ。エマニエルはハイソな人々が集うパーティで友人たちを作り、知り合ったマリアンヌ夫人たちと複数の男を相手にセックスすることで真の喜びに目覚めてゆく。

〈トリビア〉

本国では普通の映画として上映していたため、日本でも同じようにしようと配給会社は考えたが、それではさすがに無理だろうということで、ポルノ路線に変更してPRしたところ思わぬ大ヒットをしてしまったという経過がある。3部作として「続エマニエル」「さよならエマニエル」も作られたが、以後「イタリアのエマニエル」「アフリカのエマニエル」果ては「宇宙のエマニエル」などスピンオフ作品が続々と現れ話題となった。

実はシリーズ「エマニエル夫人」は元祖ではない。さかのぼること5年前、イタリアで「アマン・フォー・エマニエル」（主演エリカ・ブラン）という映画が作られている。

原作者のエマニュエル・アルサンも実際にタイ出身のフランス人で外交官の妻だが、ロバート・ワイズ監督の名作「砲艦サンパブロ」にも出演したという女優でもあった。

またシルビア・クリステルはオランダ出身のドイツ人。17歳の時モデルをしていたが偶然アムステルダムに撮影にきていたジャカン監督に見いだされた。4か国語が堪能でIQ160というから驚きだ。2012年に他界している。

オッパイ丸出しで足を組み籐椅子に座るクリス

テルのシーンが有名になり俗称エマニエル・チェアともいわれるが、このラタンの椅子はクランピーコック・チェアといって東南アジアではよくあるもの。ちなみにこの映画のヒット以降レコードのジャケットによく使われた。例えば沢たまき「さすらい」、内山田洋とクールファイブ「そして、神戸」、松崎しげる「マイ・ラブ」、アル・グリーン「愛の束縛」など数えきれない。それほど印象的だったことの証拠でもある。

音楽はエマニエルのテーマにもなっていて、エンディングで印象的に流れるBGMはピエール・バシュレのオリジナル。いまやソフトポルノの古典的映画となっているが、官能シーンを盛り立てるためになくてはならない絶妙な効果を生み出している。

■ファンタジーは「ひょうたんからコマ」で生まれた?

「E.T.」（1982年、スティーブン・スピルバーグ監督）

アメリカのある森にUFOが着陸。そこから小さな生物が出てきて、周囲の植物などを観察していた。だが光る物体は住民に目撃されていたのだった。住民たちが近づいてくることを察知したUFOは慌てて飛び去る。うっかり仲間の1人(一匹?)が取り残されてしまった。近くに住む少年エリオットは深夜、トウモロコシ畑で未知の生物と出会ってしまう。

〈トリビア〉

エリオットがチョコレートでE.T.を誘い出そうとすることを思いつくシーンがある。そこで映画会社がM&M's社に、映画の中で貴社のチョコを使いたいと申し入れをしたが「映画などとんでもない」と断られてしまった。やむなくハーシー社製を使ったところこれがバカ受け。売り上げが大幅に伸びた。後日M&M's社の担当責任者はクビになったというから笑える。

また、E.T.が「スター・ウォーズ」のヨーダの仮装をするシーンがあるが、ここではヨーダのテーマが流れるのでお聴き逃しなく。ジョン・ウィリアムズ一流のジョークだ。さらには、なんと校長先生役でハリソン・フォードが出ていたのだが、公開版ではそのシーンはカットされている。見てみたいものだ。

ちなみに「E.T.」とはExtra terrestrials（地球の外の――）の頭文字だ。

実際にあった事件をもとに、初めは地球外生命体の恐怖をドキュメンタリータッチで撮る予定だったそうだが、ＵＦＯ目撃者から「作れば告訴するぞ」と言われて断念したという。やむなく子供向けのファンタジーにストーリーを変更したところ大当たりしたのだから、世の中なにがどう転ぶか分からない面白さがある。まさにひょうたんからコマである。

若いころスティーブン・スピルバーグ監督は、尊敬する大先輩のフランソワ・トリュフォー監督から「子供向けの作品を作ってみたら」と励まされたことがあるそうだ。そのことが頭の中にあったのだろう。念願かなって世界的大ヒット。そのためこの映画はトリュフォーに捧げられている。まさに天才は天才を呼ぶ、だ。

映画音楽の世界では右に出る者がいないというほど有名なジョン・ウィリアムズが作曲を担当している。この曲はその年のアカデミー賞作曲賞、音響効果賞など４つの賞を見事受賞。他にもゴールデン・グローブ賞の作曲賞もさらっている。

「風と共に去りぬ」

■なんと撮影現場で偶然見つけた主役女優

（1936年、ヴィクター・フレミング監督）

舞台は南北戦争中のアトランタ。スカーレット・オハラ（ヴィヴィアン・リー）は美青年アシュレー・ウィルクスに恋する。だが彼は従姉妹のメラニーと結婚。気性の激しい彼女は八つ当たり。それを見ていたレット・バトラー（クラーク・ゲーブル）が彼女を気に入った。しかし彼女は当てつけでメラニーの兄と結婚してしまう。やがて、さまざまな悲劇の末にようやく彼女は誰を本当に愛していたかを知る。

〈トリビア〉

この史上最大の名作といわれている本作の日本公開は1952年。当時のロードショーは80円が相場だったが、前評判がいいため300〜600円にしたところ、それでも連日満員御礼だったというからすごい。

製作者のセルズニックは主演女優候補1400人以上をオーデションしたが見つからず、主演未定のまま撮影は始まった。そして偶然ロケ地に見学にきていたイギリスの舞台女優ヴィヴィアン・リーを見つけ「スカーレット・オハラはここにいる」と思わず叫んだという。

だがいざ台本を読んで、リーは「こんな雌犬みたいな役は嫌」と一度は降板したが、周囲から説得されていやいやながら了承したという。

原作はご存知のように1936年に発行されたマーガレット・ミッチェルの世界的に有名な小説

だ。ピューリッツアー賞にもなっている。

ミッチェルがこの本に費やしたのは10年以上。本当は続編を書きたかったらしいが、病弱だったことと、この本がベストセラーになったことから海賊版が多数出回ったために執筆の意欲を失ったと言われている。

ところで黒人からは奴隷制を正当化しているとか、白人農園主を美化していると批判があることをご存知だろうか。白人至上主義を掲げるクー・クラックス・クラン（ＫＫＫ）を肯定しているとも人権派からは問題になったことがある。

だがこんな事実を差し引いても傑作であることに変わりはない。

テーマ曲「タラのテーマ」はマックス・スタイナー作曲で、いまや映画音楽の古典にもなっている。だがなぜかアカデミー賞を逃した。曲も当時はバラード調が受けなかったのかヒットせず。１９４０年以降になってジュリー・ロンドンやエラ・フィッツジェラルドらが歌ったことから次第にスタンダードナンバーとなって人気が定着していく。

ちなみに歌曲「風と共に去りぬ」はハーブ・マジソン作詞、アリー・リューベル作曲だがこれは映画にインスパイアされて作られただけで映画とは関係ない。

■描きたかったのは格差社会からの脱出

「愛と青春の旅だち」（1982年、テイラー・ハックフォード監督）

シアトルに住む青年ザック・メイヨ（リチャード・ギア）は世の中を嫌悪していた。13歳の時に、海軍の軍人である飲んだくれの夫に絶望した母が自殺した。「海軍士官養成学校」に入学するが、そこで黒人教官（ルイス・ゴセット・ジュニア）から猛烈ないじめを受ける。あるパーティでザックはポーラ（デブラ・ウィンガー）と、同僚のシドはリセットと知り合い2組のカップルができるが……。

〈トリビア〉

最初、このザックの役はジョン・トラボルタにお願いする予定だった。だがトラボルタは忙しいことを理由にこの役を断った。もし彼がザックを演じていたらどんな映画になっただろうと、筆者ならずとも想像してしまう。

さて問題は「愛」と「青春」というキーワードに引きずられてただの恋愛映画と思ってはいけないことだ。なぜなら原題は「An Officer and a Gentlman」というのだが、これは軍法用語の慣用句をさりげなく縮めたもの。本来は「士官や紳士にふさわしくない行為」という意味が裏に隠されている。だがこれではまったく意味がチンプンカンプンだからと、邦題はロマンス映画のように配給会社が変えてしまったのだ。つまりこの映画、ハックフォード監督は、本当はロマンスではなく格差社会からの脱出を描きたかったのだ。

当時の日本はバブル景気で一億総中流という意識が充満していた。そこで階級批判の映画では当たらないとでも判断したのか。

そしてこの映画ファンには申し訳ないが、実はとんでもないシーンがなぜか消去されているのだ。それは最終稿まで存在した父子が再会するシークエンス。シアトルの安いホテルで酒びたりの父が娼婦とベッドにもぐりこんでいる所へ、突然ザックが現われ「士官養成学校を卒業した」と報告するのだ。すると父は「今夜は息子のお祝いだ、巨乳のグロリアを呼べ」ともう1人の娼婦を調達、4人がベッドで…というもの。これではザックが父親と同種ではないかと社内から反対意見が出てカットされたというのが真相らしい。

「アリゾナにいるのは牛かホモだけだ」とザックをいびる教官役で存在感を示したルイス・ゴセットJrがアカデミー賞助演男優賞を受賞したのもうなずける。

音楽も雰囲気を盛り上げる。

さりげなくジョー・コッカーとジェニファー・ウォーンズが歌った素晴らしい歌声にしびれた人が多いのでは。その年のアカデミー賞作曲賞を受賞している。

〈邦画編〉

■自主製作で撮られたが全国公開になった強運映画

「泥の河」（1981年、小栗康平監督）

昭和30年代の大阪。信雄の両親は安治川の河口でうどん屋を営んでいた。実は信雄の父、晋平（田村高廣）は妻の貞子（藤田弓子）に内緒で別に家庭を持っている。晋平は信雄に喜一とその姉、銀子が住む舟には近づくなと言い渡す。実は喜一と銀子の母・松本笙子（加賀まりこ）は、その舟で売春をして生計を立てているのだった。

〈トリビア〉

当時、売れっ子だった加賀まりこは、多忙で時間が取れなかったため。やむをえず東宝の撮影所内に川のセットを作り、舟を運び入れて、たった6時間で出演の全シーンを撮影し終えたという。まさに神業。

しかしこの映画は最初、小栗監督の自主映画で撮ったため完成しても上映する映画館がなかった。先輩でもある大林宣彦監督に相談したところ、草月会館で有料の試写会を開くことができた。この試写会をたまたま見に来ていた東映の岡田茂社長が「いい映画じゃないか」と感激。買い上げてくれることになり、全国公開されるという幸運に恵まれた。このことがなければ日の目を見ることがなかったかもしれないのだ。運も実力の内というが、小栗監督は強運の持ち主と言えるかも。これが監督デビュー作というからなおさら驚きだ。

原作は宮本輝の小説。いざ全国公開してみると、少年の目を通して残酷な現実を見るという切ない映画ながら、世間の評価は断トツによく、その年のブルーリボン最優秀作品賞や日本アカデミー賞の最優秀監督賞などをさらっているし、海外でも評価が高かった。運も味方した感が否めない秀作といえる。いまや日本映画の傑作としての誉れも高い。

この映画を見たスピルバーグ監督は「子供の演技がすばらしい」と感激、映画「E.T.」のプロモーションで来日した時は、わざわざ小栗監督に会いにきたというエピソードも残っている。

音楽は46歳の若さで惜しまれつつがんのために逝った毛利蔵人が、この文芸作品にふさわしく、心に突き刺さる曲をつけている。

毛利は高校卒業後独学でピアノと作曲を学び三善晃に師事している。オーケストラ、室内楽はもちろん、あらゆるジャンルの曲を作っている。映画や舞台音楽、テレビドラマなど多数残している。世界的作曲家・武満徹のスコアの浄書なども手掛けていたことは知る人ぞ知る公然の秘密だった。

毛利の名は尊敬するモーリス・ラヴェル、蔵人はクロード・ドビュッシーからつけたペンネームだが、その後本籍にこの名を登録し本名としている。

■この映画で吹奏楽に憧れる高校生が急増したとか

「スウィングガールズ」（2004年、矢口史靖監督）

ある東北の町にある山河高校が舞台の青春群像ドラマ。鈴木友子（上野樹里）は落ちこぼれ生徒。2年の夏休みに吹奏楽部の生徒たちがみんな食中毒に。近くコンクールがあるので大あわて。中村拓雄（平岡祐太）は、窮余の一策として友子たちに、部員になってくれと頼みこむ。イケメンの拓雄の頼みならと承諾する。だが問題は誰も楽器をいじったことがないことだった。そこで拓雄の猛特訓が始まる。

〈トリビア〉

矢口監督が撮影に入る前に冗談めかして落ちこぼれの女子生徒たちを前にこんなことを言ったそうだ。「平岡は絶対お前らに手を出さないから安心しろ。しかし、お前らは油断ならない。絶対に平岡に手を出すなよ」

メインキャストの5人は本当に、まったく楽器の経験がゼロだったそうだが、特訓のお蔭で映画は大成功。アメリカ・ロスアンゼルスの試写会にもバンドが同行して、実際に大衆を前に演奏して腕前を披露したというから大したもの。

監督によれば、偶然聴いた兵庫県立高砂高校のジャズバンドに感動して、映画を作ろうと思ったそうだ。モデルがあったというわけだ。

バンドの正式名称は「スウィングガールズ&ア・ボーイズ」。女子16名と男子1名だから。

この映画のヒットで楽器店での管楽器の売り上げが急増したという社会現象まで起こしたほど。

矢口監督は「ウォーターボーイズ」で大ヒットを飛ばし、青春映画の傑作を生みだしたが、これに味をしめて二匹目のドジョウを狙ったのか。そしてその狙いは見事に的中し、この映画も大ヒットを記録。めでたしめでたしだ。

むしろこの映画の主役は音楽といってもいい。足掛け3年をかけて活動したこのビッグ・バンド。全レパートリーの演奏も映像化された。これはもう素人芸ではない。映画史上でも画期的なことだろう。あっぱれ！

劇中で演奏されるのは「A列車で行こう」（ビリー・ストレイホーン）、「故郷の空」（スコットランド民謡）、「メイク・ハーマイン」（ビッグスター・イメージ）、「インザ・ムード」（ジョー・ガーランド）、「ムーンライト・セレナーデ」（グレン・ミラー）、「メキシカン・フライヤー」（ケン・ウッドマン、ピカデリー・プラス）といった誰もが知っている名曲ばかり。だから楽しくならないはずはない。

実際に特訓した甲斐があって見事な演奏を聞かせてくれる。ちなみにテナー・サックスが上野樹里、トランペットは貫地谷しほり、トロンボーンは本仮屋ユイカ、ドラムスは豊島田由佳梨、ピアノは平岡祐太が担当している。今ではみんな主役を張れる俳優に成長したが、この時はまだピチピチした若いオーラを発していた。うらやましい限りだ。

■賞金500万円で脚本を公募したら結局大御所が

「人間の証明」（1977年、佐藤純彌監督）

ご存知、森村誠一の770万部を売り上げたベストセラーミステリーだ。

赤坂の高層ホテルで胸にナイフが刺さったままの黒人青年がエレベーターに転がりこんできて死んだ。麹町署の刑事・棟居（松田優作）は、その男ジョニー・ヘイワード（ジョー山中）が残したダイイングメッセージ「ストウハ」「キスミー」という謎の言葉とタクシーの車内に残された西條八十の詩集を手掛かりに捜査を始める。

〈トリビア〉

そもそも原作者の森村誠一がこの傑作を書くことになったきっかけがある。山登りが好きだった森村が大学生の頃、群馬県の霧積から浅間高原へハイキングしていた時のこと、途中で開けたお弁当の包み紙に、あの西條八十の「母さん、僕のあの帽子どうしたでせうね――」の詩が印刷されていて、その時の感動が忘れられずに覚えていたのだという。

最初この映画の脚本は角川春樹が長谷川和彦に依頼した。しかし長谷川和彦の態度が悪かったことが気に入らず、角川が却下。そこで仕方なく賞金500万円でプロアマ問わず、名前を伏せて公募することにしたのだ。

その審査結果は当時の「キネマ旬報」に詳細が載った。その時の佐藤監督らによる審査員の評は

「ろくなのがなかった。一番ましなもの」を当選作としたと発表したのだが、あとから、実はこの「一番まし」な脚本が大御所の松山善三のものだと明かされた。なんとも気まずい結果となったことは言うまでもない。

また、当時としては珍しく海外ロケ（ニューヨーク）をしていることも特筆される。「読んでから見るか、見てから読むか」というキャッチコピーも話題に。

主演の松田優作は劇団の研修生だったころ、黒澤明に弟子入りするために3日間家の前に座り込んだが願いかなわず、「俺が有名になっても、黒澤映画には出んからな」といったエピソードは有名だが、この映画でもそんな頑固だが芯の通った演技がよかったと評判になった。

ジョー山中は本名山中明。16歳まで養護施設で暮らしていたが、腕っぷしの強さを買われボクサーに。その後はミュージシャンとしても活躍した異色の経歴の持ち主。東日本大震災では募金活動に参加するなどしていたが、2011年に肺がんのために64歳で亡くなっている。

〈音楽〉

ジョー山中の歌う主題歌がヒット、オリコン2位にまでなった。その歌詞「Mama Do You remember…」は西條八十のあの「母さん、あの僕の帽子どうしたでせうね」の詩を英訳したものだ。

母さん、僕のあの帽子、どうしたんでせうね？
ええ、夏、碓氷から霧積へゆくみちで、
谷底へ落としたあの麦わら帽ですよ。
母さん、あれは好きな帽子でしたよ、

という詩は教科書にも載るほど有名な詩だ。

〈北野武作品編〉

「キッズ・リターン」（1996年）

出演＝金子賢、安藤政信。ブルーリボン賞の監督賞など多数受賞。

〈あらすじ〉

落ちこぼれの高校生マサル（金子）とシンジ（安藤）は、カツアゲや暴力ざたの毎日。ところがカツアゲの仕返しにやってきたボクサーにKOされた悔しさからボクシングを習い始める。シンジはメキメキ強くなるがマサルは才能がない。そこでヤクザの道に。2人は別々の人生を歩むことになった。

〈見どころ〉

ボクシングの世界、極道の世界を通して、アメとムチのさまざまな試練を体験してゆく若者に、きっとファンは共感を覚えるだろう。いつの世も若者は世間に対して斜めに構えているものだ。ラストシーンがいい。やがて大人になった2人はかつての母校の校庭で自転車に乗りながら呟く。「俺たち、もう終わっちゃったのかな」このセリフにホロッときてしまうだろう。

〈トリビア〉

これは北野武監督の第4作目にあたる。

シンジ役の安藤政信が最後の試合でダウンするシーンがあるが、これは演技ではなく実際に相手ボクサーから予定外のパンチをもらい倒れたもの。カットの声がかかった後、控室に医者を呼んで手当てが行われたという。このパンチで鼻が曲がり、苦痛にもだえながら泣いていた安藤に、武監督は「役者生命に問題ねえよ。あんちゃん、もう泣くな」と励まし（？）た。この頑張りのおかげで一躍評価が高まり安藤の出世作となった。つまり痛い代償だった。

ご存知のように、たけしは1994年にバイク事故で大けがを負った。この事故から2年、この映画は満を期しての復帰作といえる。

当初たけし自身は、バイオレンスがメインの「フラクタル」という映画を撮るつもりで進行していた。ところがプロデューサーの森昌行が「ケガから復帰直後なのにバイオレンスではイメージが悪い」と大反対。たけし自身もボクシングの経験があるので意見を受け入れ急転直下この映画となった。当時東洋フェザー級チャンピオンとして人気だった関光徳がイメージとして頭にあったという。

しかもたけしは昔からロバート・デ・ニーロ主演のボクシング映画「レイジングブル」のようなものを作ってみたいと思っていたそうだから一石二鳥というわけ。

出来上がってみればテーマも画面構成もしっかりして「とてもいい」と、あの厳しい淀川長治さんも大絶賛。ひょうたんからコマと言うより〝バイク事故からコマ〟と言えそうだ。

「アウトレイジ」（2010年）

出演＝ビートたけし、椎名桔平。

〈あらすじ〉

暴力団・山王会の組長（北村総一郎）は傘下の池元組と独立組織・村瀬組の仲がいいことを不快

に思っている。仲たがいさせようと池元組長（國村準）をそそのかすが、嫌がる池元はその役を武闘派の大友組・組長（ビートたけし）に押しつける。大友は命令通り村瀬組を解散にまで追い込むが…。

〈見どころ〉

キャッチコピーが「全員悪人」「下剋上、生き残りゲーム」とあるように残酷シーンが続々。さすがに子供にはオススメできないが、これまでの映画にはなかった爽快感が評判を呼んで8億円近い興行収入を叩きだしている。

〈トリビア〉

この人気シリーズの第1作。拷問シーンなどがきついとしてR―15指定にされたが、これで以後の路線が決定することとなった。ただし国内に先行してカンヌ国際映画祭に出品されたものの、フランスの批評家たちからは酷評を受けた。

日本で人気の秘密は、評判となったバイオレンスシーンのリアルさにあるだろう。なにしろ監督は、「面白半分に、いろいろな殺し方を考えた」といっているくらいだ。歯科医で医療器具を使う、ペンチで指をちぎる、サウナで容赦なく射殺する、手りゅう弾で爆殺、といった具合。実際に可能なやり方であれば即採用となった。監督はひょっとして「ドS」かもしれない。

この映画には、当時新聞タネにもなったいわゆる〝押尾学事件〟というものがある。英語ペラペラの金庫番でインテリヤクザを自称する大友組・組員の石原には誰をキャスティングするか、ということになり、最初は押尾学の名前が挙がった。ところが彼ではキャラが合わないと考え、一見ヤクザには見えないという理由から急きょ加瀬亮に決まった。

　後日監督は「もし押尾君にしていたら映画はお蔵入りになって、他の出演者への賠償金で大変なことになっていただろう」と冗談交じりに語っている。これが面白半分にスポーツ新聞などで報道されてしまったのだ。

　台本では大友組の若頭・水野（椎名桔平）と情婦（渡辺奈緒子）とのベッドシーンは予定されていなかった。だが渡辺の背中にペインティングされた彫り物があまりに立派に描かれていたため、監督が感心。「もったいない」と急きょベッドシーンを設定してイレズミが映るようにしたという。渡辺奈緒子もさぞ驚いたことだろう。

　さらにはこのたけしの右腕役だった椎名桔平を、どういう殺し方をしたらカッコいいだろうと、頭を痛めたという。これも北野美学と言えるだろう。

「その男、凶暴につき」（1989年）

　出演＝ビートたけし、白竜。ヨコハマ映画祭監督賞受賞。

〈あらすじ〉

　我妻涼介（たけし）は粗暴な性格で署内でも鼻つまみ者の刑事だった。ある日麻薬の売人が死体で発見された。我妻が例によって暴力的な手法で捜査を進めるうちに身内の岩城刑事（平泉成）が麻薬の横流しをしているという情報を得る。麻薬組織は、邪魔な我妻の妹(川上麻衣子)を拉致する。

〈見どころ〉

　何といってもアッと驚くラストシーンが秀逸。正義漢ぶって、署内でも唯一我妻刑事の味方だった（はずの）菊池刑事（芦川誠）が、殺された岩城刑事の後釜として麻薬の横流しをしているところで終わるのだが、悪はトカゲのシッポのように、切っても代わりはいくらでもいるという皮肉が痛烈に効いている。

〈トリビア〉

お笑い芸人ビートたけしが、北野武として映画監督デビューした記念碑的第1作である。

この映画のキャッチコピーは「子供に、みせるな！」だった。それだけでもハードな暴力描写を重視する、以後の監督の方向性がすでに決まっているかのようだ。

さらにこんな秘話が。初めは深作欣二が監督として「灼熱」というタイトルまで決まっていた。主演はビートたけしだった。ところがプロデューサーの奥山和由は脚本を読んでバイオレンスシーンに納得がいかなかった。そうこうしているうちに深作監督のスケジュールが合わなくなってしまい降板。それならいっそのことビートたけしに監督をやらせてみるか、となったらしい。打診を受けたたけしは脚本を書き直すことを条件に引き受けたという。

こんな行き違いから「世界の北野武監督」が誕生したのだから人生どう転がるか分からない。もちろん本人も「この映画を作っていなかったら監督なんて面倒くさいものにはならなかったぜ」と明言している。

平泉成が橋の欄干に紐をくくりつけて自殺するシーンがあるが、ゲリラ撮影のため役所にも届けていなかった。すると本当に警察がきてしまい、監督らは平泉を残して逃げてしまった。頃合いを見計らって戻ってきた北野監督は「ハーネスを外すのが大変だからそのまま弁当食べてください」といったところ平泉は「ふざけるな！」と大激怒したという。大先輩の俳優をそんな目に合わせたのだから当然だろう。未来の大監督もさすがに平身低頭だったという。
この映画のヒットでタイトル「その○○、凶暴につき」という言葉のパロディーが流行ったことは記憶に新しい。

「座頭市」（2003年）

出演＝ビートたけし、浅野忠信。北野映画最高となる興行収入28億5000万円。日本アカデミー賞などを総なめ。

〈あらすじ〉
ヤクザの銀蔵一家に苦しめられている、ある宿場町に盲目の市（たけし）がやってくる。賭場で儲けたこの市の金を狙って芸者姉妹が襲ってくるが、聞けば2人は親の仇を探しているという。一方浪人の服部源之助（浅野）もこの町に流れ着き銀蔵一家の用心棒に。やがて2人は…。

〈見どころ〉
独特のグロテスクなシーン、血が派手に飛び散る残酷シーン満載。これがなければもう〝たけし映画〟とはいえない。一見コメディチックに見えてもその裏にある残酷性をえぐりだすのが神髄なのだから。とりわけ時代劇にはありえない歌や踊りの裏に潜むものをとくとご覧あれ。

〈トリビア〉
農民が現代的なリズムで踊ったり、祭りのシーンで下駄をはいてタップダンスをする人たちが現われる。このシュールなミュージカルを意識した場面、実は監督の頭の中にはずっとあったようだ。

さかのぼること1998年。文芸春秋で、座頭市の大先輩である勝新太郎とたけしが座談会をしたことがある。

このとき勝から、農民が握り飯を食いながらバタバタと逃げ回り、それを追いかけて旅人がくる。市もそれにまぎれて踊りだし、殺陣をするっていうのはどうだい、と提案されている。どうやらこのイメージをずっと温めていたようだ。もちろん「本家の勝さんは越えられませんよ」と謙遜してはいるが。

当時の浅草ロック座の斎藤会長は、勝新太郎の債権者の一人であったので「座頭市」の映像化権が他社に移っていたのをずっと残念に思っていた。映画化の話が持ち上がったのでわざわざ買い戻し、ビートたけしに新しい座頭市を作ってもらいたいと監督オファーをしたのが、この奇抜な映画の誕生秘話でもある。

ところが公開された映画を見た千葉真一は「時代に媚びた映画だ。こんな映画が増えるのは困る」とバッサリ。松方弘樹も「外国の映画賞を意識しているんじゃないか」と正面から批判した。

一方「アウトレイジ」がフランスで酷評された時とは逆に、ヴェネチア国際映画祭の銀獅子賞を受賞するなど国内外で評判は高かった。蓮實重彦はある雑誌で「この金髪の座頭市はまぎれもなく宇宙人である」と絶賛している。

当然この作品もR―15指定。テレビで放映された際、民放では〝アブナイ〟シーンはカットされたが、WOWOWではなぜかノーカットだった。保護者団体からたくさんのクレームが届いたとか。これも人気のなせるワザ?

「菊次郎の夏」（1999年）

出演＝ビートたけし、岸本加世子、関口雄介。初めてカンヌ国際映画祭のコンペ部門に正式出品した。ロードムービーの見本のような作品。

〈あらすじ〉

母は死んだと聞かされていた小学生の正雄（関口）は、偶然母の写真を見つけ豊橋まで会いに行こうとする。その途中チンピラから助けてくれたオバサン（岸本）は夫・菊次郎（たけし）について行けという。しかしギャンブル好きでチャランポランな菊次郎は競輪場で旅費も正雄の小遣いさえもスッてしまうが……。

〈見どころ〉

破天荒な性格の菊次郎は、どこか憎めないエキセントリックな性格で、これまでの暴力性は鳴りを潜めヒューマンドラマに仕上がっている。後半で実は菊次郎も正雄と同じ、母に捨てられた過去を持っていることが観客に分かり、母を訪ねるが声をかけられないシーンはグッとくる。

〈トリビア〉

まず、タイトルの菊次郎という名前だが、これはビートたけしの父親の本当の名前である。その意味でも父親に対するオマージュでありファザーコンプレックスの裏返しといえるだろう。

本作の音楽だが、武監督は「主題歌を坂本龍一に頼みたかったんだけど、依頼料がえらく高くてなァ。それで諦めたんだ」と周囲に漏らしている。

だが本当は違うのだ。その年ビートたけしの主演で公開された映画「御法度」の監督・大島渚が亡くなっている。その音楽を担当していたのが坂本龍一だった。つまり敬愛する大島監督へ哀悼の意を表してわざと断念したというのが真相なのだった。

代わって白羽の矢が立ったのは久石譲。これにもこだわりが。数々の映画音楽に手を染めている久石だが、この映画は制作が決定した段階で、すぐに監督から「リリカルでシンプルなピアノをお願いしたい」とイメージを提示されて細かい注文があったという。この「Summer」という曲は翌年トヨタカローラのCMに使われ有名になったのでご記憶の方も多かろう。

撮影でも監督一流の計算が。

子役はすぐに走りだすということを知っていた監督は、子役の子に「あそこの店にアイスクリームを売っているから、みんなの分も買ってきてくれ」と言い含めて、思った通り走って買いに行った子どもを隠し撮りして、そのままちゃっかり本編に使っている。子どもの心理もよく知っている監督ならではのやり方だ。

印象的なバス停のシーンは豊橋市東七根町の豊川用水調整池の入り口にセットを作って撮影したものだが、菊次郎が落としたおにぎりを拾おうとして池に落ちる場面は、のどかすぎてつまらない田舎道なので何か変化を持たせようと、とっさに考えたらしい。

ぶっきらぼうに「ボウズ」と言っていたのに、最後の方では「坊や」になっている。これって計算上？　それとも編集ミス？

乗せてくれた車のアベックと笑談していると思ったら、カメラが引くとそこは立ち入り禁止の札が。この北野武流ジョークがなんとも言えない味を出している。第23回日本アカデミー賞最優秀助演女優賞に岸本加世子が。

■あとがき■

この本は映画を観る人の手助けをするだけでなく、10倍楽しく観ることが出来るようにと書かれたものである。ただし筆者の主観と偏見が混じっていることはお許し願いたい。

前半は主に作品を中心としたものでまとめた。できるだけその製作に至るまでの裏側や苦労話、これまで書けなかった秘話などを明かしたトリビア集と思っていただきたい。

後半は監督についてのものが主となっているが、映画史に残るような古典的な有名監督より、近現代の優れた監督をより多く取り上げた。また忘れかけている名作にもあえてスポットを当てた。だから、なんであの監督がいないのだというお叱りは甘んじて受ける。それに加えて俳優列伝も。

本書は2017年から「夕刊フジ」紙に掲載されたものを加筆訂正した。加えて新たに書き下したものも含まれる。東京スポーツ新聞社で映画の道に導いてくれた先輩記者の島崎信房氏、夕刊フジ編集局報道部デスクの福田哲士氏と、洪水企画社主の池田康氏に感謝申し上げる。筆者。

燈台ライブラリ　5

スクリーンの万華鏡

～映画が 10 倍楽しくなる秘話の栞

著者………望月苑巳

発行日……2023 年 3 月 10 日

発行者……池田康

発行………洪水企画

〒 254-0914 神奈川県平塚市高村 203-12-402

TEL&FAX 0463-79-8158

http://www.kozui.net/

装幀………巖谷純介

印刷………モリモト印刷株式会社

ISBN978-4-909385-42-0

〈燈台ライブラリ〉

❶ 対論 湯浅譲二×川田順造

人間にとっての　音⇔ことば⇔文化

発行・洪水企画／発売・草場書房
新書判 208 頁／ 1320 円

日本を代表する作曲家と文化人類学者が、人間の生活、文化、芸術について、半世紀を超える経験をもとに縦横に語り合う往復書簡と対談。

❷ 新実徳英

合唱っていいな！

発行・洪水企画／発売・草場書房
新書判 224 頁　1430 円

合唱音楽に深くかかわり合唱曲作品も数多く生み出してきた作曲家の新実徳英を軸に、対談と論考により、合唱音楽の魅力と可能性を探る。

❸ 嶋岡晨 編

詩国八十八ヵ所巡り

発行・洪水企画／発売・草場書房
新書判 192 頁　1430 円

四国八十八ヵ所巡礼になぞらえ、近現代日本を代表する八十八人の詩人の作品を集めて百年の心の歴史をたどるアンソロジー。高知出身の嶋岡晨の解説つき。

❹ 佐藤聰明

幻花　―音楽の生まれる場所

発行・洪水企画
新書判 192 頁　1430 円

作曲家・佐藤聰明の最新エッセイ集。世界的に著名なこの作曲家の最近十年ほどの思考の粋がここに凝縮されていると言ってもいいだろう。